TRY! 日本語能力試験 N4
Japanese Language Proficiency Test
文法から伸ばす日本語

ABK ♦ 公益財団法人 アジア学生文化協会 ♦ 　【音声ダウンロード版】

Revised Edition

はじめに Introduction

　この本は、日本語能力試験のN4に対応した文法の問題集で、ABK（公益財団法人 アジア学生文化協会）の30年の日本語教育の経験を生かして、学内で使いながら作られたものです。日本語を勉強している皆さんが、文法をきちんと整理して、日本語が上手に使えるようになることを願って作りました。
　文法は「聞く・話す・読む・書く」の基礎になるものです。この本では次のプロセスで勉強が進められるように工夫しました。
1．実際のコミュニケーションの中でその文法がどのように使われているかを知る。
2．基本的な練習で使い慣れる。
3．まとめの問題で話を聞いたり日本語の文章を読んだりする運用練習をする。
　まとめの問題は日本語能力試験の出題形式に合わせてありますので、試験を受ける皆さんは、この本1冊で文法対策と読解、聴解の試験の練習ができるようになっています。
　この本の「TRY!」という名前には、気軽にやってみようという意味と、ラグビーのトライのようにがんばったことが得点につながるという意味を込めました。皆さんがこの本で勉強して、日本語能力試験N4に合格し、さらに日本語を使って楽しく自己表現ができるようになりますよう、お祈りしています。
　このシリーズはN5〜N1まで、各レベルに合わせて5冊の本があります。この本が終わったら、ぜひ次のレベルに進んで、レベルアップを目指してください。

　This book, a collection of grammar questions for level N4 of the Japanese-Language Proficiency Test, is the product of 30 years of experience at the Japanese Language Institute of the Asian Students Cultural Association (ABK). The material in this book was developed from the courses at the Institute. We produced this book in the hope that all of you studying Japanese will obtain a clear understanding of its grammar and become skilled at using the language.
　Grammar is the foundation of listening, speaking, reading and writing. We have designed this book so that you can proceed with your studies by going through the following process:
　1. Know how this grammar is used during real-life communication in Japanese;
　2. Become accustomed to using it by practicing the fundamentals;
　3. Practice applying the grammar in review questions that involve listening to and reading Japanese.
　The review questions follow the same format as those that appear in the Japanese-Language Proficiency Test. This means that takers of the test can study grammar strategies and practice reading comprehension and listening test questions all in this one book.
　We gave this book the title "TRY!" to encourage you to give Japanese a try, as well as to say that trying your best can bring rewards, like a "try" in rugby. We hope that you will use this book to study for and pass level N4 of the Japanese-Language Proficiency Test and that you will be able to further enjoy using the Japanese language to express yourself.
　There are five books in this series, one for each level (N5 – N1). After completing this book, we hope you proceed to the next level to further improve your Japanese language skills.

2014年4月　著者一同
The Authors
April 2014

この本をお使いになるみなさんへ
To Learners Using this Book

この本は、本冊、別冊「答え・スクリプト」、ダウンロード版の音声と語彙リストがあります。
This book comprises the main text, the "Answers & Scripts" supplement, the audio files and the vocabulary list.

1. 本冊　Main Text

全部で11章に分かれています。1章「あいさつの言葉」では、日常生活でよく使われるあいさつの言葉を集めてあります。11章「便利な言葉」では、助詞や副詞、指示語などの基本的な使い方がわかります。2章から10章は次のような構成になっています。さらに、最後に1回分の模擬試験があります。
This text is divided into 11 chapters. Chapter 1 "Greeting vocabulary" is a collection of words often used for greetings in everyday life. Chapter 11 "Useful vocabulary" will teach you basic usage of particles, adverbs, demonstratives and the like. Chapters 2 through 10 are structured as described below, and last is a practice test.

各章の構成　Chapter Structure

1）できること　Can Do
その章を学習すると、何ができるようになるかが書いてあります。
This states what you will be able to do by studying the chapter.

2）見本文　Sample Text
その章で勉強する文法項目が、実際にどのように使われているかわかるようになっています。1つの章は（1）（2）に分かれていて、（1）（2）の見本文はストーリーがつながっています。勉強する文法項目は、すぐわかるように太字で書いてあります。
This is a transcript of a conversation to show you how the grammar points you will study in the chapter are used in real life. One chapter consists of two parts — (1) and (2) — each of which contains a portion of a continuous story as the sample text. The grammar points you will study are printed in bold so you can quickly spot them.

3）文法項目　Grammar Points
その章で勉強する項目を順番に並べてあります。探すときに便利なように、2章から10章まで通し番号になっています。それぞれの中には、使い方、接続、例文、補足説明、練習問題などがあります（くわしい内容は☞p.6）。
This is a list of grammar points you will study in the chapter, presented in order. The grammar points appear in chapters 2 through 10, and each one is numbered serially to facilitate future reference. Within each grammar point, you will find information on how to use and combine it with other parts of speech, sample sentences, supplementary explanations, practice questions and more. (For more information: ☞p.6)

4）まとめの問題　Review Questions

　その章で勉強した文法を中心にした、文法、読解、聴解の問題です。日本語能力試験の出題形式に合わせた形になっていますから、文法項目の再確認をしながら、試験対策ができます。

　These questions test you on grammar, reading comprehension and listening related to the grammar you studied in the chapter. They follow the same format as the questions that appear in the Japanese-Language Proficiency Test, so you can prep for the test as you review the grammar points.

2. 別冊　Supplement

1）「やってみよう！」の答え
　　Answers for the "Try It Out!" sections
2）「まとめの問題」の答え・スクリプト
　　Answers and scripts for "Review Questions"
3）「模擬試験」の答え・スクリプト
　　Answers and scripts for the "Practice Test"
4）「模擬試験」の解答用紙（マークシート）
　　Answer sheet for the "Practice Test"

3. 音声　Audio Files

「見本文」と、「まとめの問題」「模擬試験」の聴解問題の音声
Listening exercise audio for "Sample Sentences", "Review Questions" and the "Practice Test."

音声はPC、スマートフォンからダウンロードできます。
Audio files for this book are available for download on your PC and smartphone.
くわしくは下記HPへ。
Please see the site below for details.

https://www.ask-books.com/jp/jlpt-try/try-audio/

右のQRコードからもアクセスできます。

4. 語彙リスト　Vocabulary List

　本冊で使われている言葉の「語彙リスト」があります。語彙リストには、英語の訳がついています。下記のサイトよりダウンロードして使ってください。

　You can find the "Vocabulary List" for the words used in the main text. The Vocabulary List has English translations. Feel free to download it.

https://www.ask-books.com/jp/jlpt-try/try-wordlist/

また、Amazon POD (Print on Demand)でも販売しています。
It is also available on Amazon POD (Print on Demand).

〈文法項目の中にあるもの〉 Inside the Grammar Points

どう使う？

次のことが書いてあります。
This section contains the following:

1．使い方の説明　Usage Explanation
どんなことを言いたいときに使うか、どんな気持ちで使うかが書いてあります。英語の翻訳もついています。
This will tell you when you can use the grammar point depending on what you want to say, as well as what nuance it carries. There is also an accompanying English translation.

2．接続の説明　Explanation on Combining with Other Parts of Speech
どんな品詞のどんな形のものといっしょに使われるか、記号を使って示しました。
例：Ⓝ＋で
動詞などの活用形の表もあります。
＊は、接続で気をつけることです。
This section uses symbols to show you how you can use other parts of speech with the grammar point and in what form. Example: Ⓝ＋で
There are also charts showing how to conjugate verbs and more.
＊ indicates a point to remember when combining with other parts of speech.

3．例文　Sample Sentences
①②のように番号がついています。例文は日常生活でよく使われるものを選びました。理解の助けになるように一部イラストをつけました。
Sentences are numbered ①, ②, and so on. We have selected sentences for the samples that are often used in everyday life. Some are accompanied by illustrations to help you understand.

その文法項目を使うときに、気をつけることが書いてあります。
This provides key points to remember when using a grammar point.

やってみよう！

その文法項目を確認するための練習問題です。「どう使う？」と例文で勉強したことができるかどうか、実際に問題に答える形でチェックしてみてください。
This section contains practice questions to reinforce the grammar point. Check your understanding of what you learned in the "How to Use" section and the Sample Sentences by answering these questions.

ほかの言葉との使い方の違いや追加で説明が必要なことなどが書いてあります。練習が必要なものは「やってみよう！」がついています。

This section contains information such as differences in the use of other words / expressions or matters requiring further explanation. Points that require further practice also come with a "Try It Out!" section.

違う言葉で、同じような意味で使われるものが書いてあります。練習が必要なものは「やってみよう！」がついています。

This section contains ways to express similar meanings but with different words. Points that require further practice also come with a "Try It Out!" section.

その文法項目と関係がある項目があるときは、番号が書いてあります。
This symbol will direct you to other related grammar points.

〈品詞と活用形のマーク〉 Parts of Speech and Conjugation Marks

1）品詞　Part of Speech

名詞	Noun	N	えんぴつ、日本語、病気
い形容詞	い adjective	いA	大きい、小さい、おいしい
な形容詞	な adjective	なA	元気、便利、しずか
動詞	Verb	V	行く、食べる、勉強する

2）動詞の活用形　Verb conjugation

ます形	ます form	V-ます	行きます
辞書形	Dictionary form	V-る	行く
て形	て form	V-て	行って
た形	た form	V-た	行った
ない形	ない form	V-ない	行かない
動詞の普通形	Plain forms of verbs	V-Pl	行く・行かない・行った・行かなかった
可能形	Potential form	V-できる	行ける
受身形	Passive form	V-られる	行かれる
使役形	Causative form	V-させる	行かせる
意向形	Volitional form	V-よう	行こう
条件形	Conditional form	V-ば	行けば
命令形	Imperative form	V-しろ	行け

3）普通形・ていねい形　Plain form & Polite form

普通形　Plain form　Pl

動詞 Verb	行く 行かない 行った 行かなかった	い形容詞 いadjective	大きい 大きくない 大きかった 大きくなかった
な形容詞 なadjective	元気だ 元気じゃない／元気ではない 元気だった 元気じゃなかった ／元気ではなかった	名詞 Noun	病気だ 病気じゃない／病気ではない 病気だった 病気じゃなかった ／病気ではなかった

ていねい形　Polite form　Po

動詞 Verb	行きます 行きません 行きました 行きませんでした	い形容詞 い adjective	大きいです 大きくないです／大きくありません 大きかったです 大きくなかったです ／大きくありませんでした
な形容詞 な adjective	元気です 元気じゃないです* ／元気じゃありません* 元気でした 元気じゃなかったです* ／元気じゃありませんでした*	名詞 Noun	病気です 病気じゃないです* ／病気じゃありません* 病気でした 病気じゃなかったです* ／病気じゃありませんでした*

〈接続の示し方〉 Presentation of Parts of Speech Combinations

それぞれの文法項目は、次のように表します。
Each grammar point is presented in the following manner:

例)

V-て ＋ ください	食べてください
V-ます ＋ たい	会いたい
V-ない ＋ ないでください	行かないでください
いA く	大きく
なA な	しずかな
なA に	しずかに
Pl ＋ んです [なA だな　N だな]	行くんです　　　　　行かないんです 行ったんです　　　　行かなかったんです 大きいんです　　　　大きくないんです 大きかったんです　　大きくなかったんです 元気なんです　　　　元気じゃないんです* 元気だったんです　　元気じゃなかったんです* 病気なんです　　　　病気じゃないんです* 病気だったんです　　病気じゃなかったんです*
Pl ＋ ら [過去形だけ　Past form only]	行ったら　　　　　　行かなかったら 大きかったら　　　　大きくなかったら 元気だったら　　　　元気じゃなかったら* 病気だったら　　　　病気じゃなかったら*

＊な形容詞・名詞の「じゃ」は「では」でもよい。

この本をお使いになる先生方へ

　この本をお使いくださり、ありがとうございます。本書の目指すところは、日常生活の様々な場面で、具体的に日本語がどのように使われているかを目で見て、感じて、それを踏まえて文法を学ぶことです。それによって、会話やスピーチ、読解の中で使われている文法項目に自然になじみ、日本語能力試験への対応も、スムーズに進むと思います。さらに発話や作文などの自己表現にも応用できるようになると信じています。

　近年、インターネットの普及に伴って、海外の学習者も生の日本語に直に触れる機会が増え、自然な日本語の習得に一役買っていることは確かです。運用を重視するという日本語教育の流れの中で、文法の位置づけも変わってきているように思います。

　しかし、特に初級段階において、基礎の枠組みとしての文法をきちんと把握することは、その後の日本語の運用にとって非常に重要です。また、この段階から相手との位置関係、使用場面にふさわしい日本語を意識することもとても大切だと考えます。

　以上の点から、本書の見本文では下の表のような多様な場面を設定しました。初級の文章の制限もありますが、できるかぎり自然な言葉を使うようにしています。

章	タイトル	場面
1	あいさつの言葉	あいさつをする
2	おかし作り	身近な人と話す
3	けっこん式	身近な人と自分の国の習慣について話す
4	私の町ハノイ	スピーチで自分の国について紹介する
5	ハイキングの計画	身近な人を誘って、その話題で話す
6	木の上の子ねこ	友だちと困ったことについて話す
7	大好きなピアノ	身近な人と趣味や習い事について話す
8	旅館のよやく	予約の電話をかけ、希望を言う
9	ゆうしょうインタビュー	インタビューで受け答えをする
10	アルバイトのめんせつ	アルバイトの面接を受ける

　本校での実践の中でも見本文の効果は大きく、ことさら説明をしなくても、イメージで感じ取ってもらえると言われています。本書を使ってご指導される先生方にも、ぜひ学習者の方とともに見本文のストーリーを感じていただきたく存じます。

　本書につきまして、何かご意見などございましたら、どうぞお寄せくださいますよう、お願い申し上げます。

この本に出てくる人
The People in this Book

キム：会社員

高橋：会社員

タン：会社員

佐藤：大学生

鈴木：大学生

スミス：大学生

山田：主婦

もくじ CONTENTS

はじめに Introduction ……………………………………………………………………………… 3
この本をお使いになるみなさんへ　To Learners Using this Book ……………………………… 4
この本をお使いになる先生方へ ………………………………………………………………… 10
この本に出てくる人　The People in this Book ………………………………………………… 11

1 あいさつの言葉　Greeting vocabulary　　16

2 おかし作り（1）Making sweets (1)　　18

1　食べてみてください ………………………………………………………………………… 18
2　おいしそうですね …………………………………………………………………………… 19
3　作ったんですか ……………………………………………………………………………… 21
4　作り方 ………………………………………………………………………………………… 22
5　作り方を習ったので ………………………………………………………………………… 23
6　作ることができる …………………………………………………………………………… 24
7　おいしいかどうか …………………………………………………………………………… 25

2 おかし作り（2）Making sweets (2)　　26

8　このフルーツソースをかけて ……………………………………………………………… 26
9　かわをむかないで …………………………………………………………………………… 27
10　全部食べてしまった ………………………………………………………………………… 28
11　時間があったら ……………………………………………………………………………… 29
12　かんたんに作れます ………………………………………………………………………… 31
まとめの問題 ……………………………………………………………………………………… 34

3 けっこん式（1）A wedding (1)　　36

13　名前という意味です ………………………………………………………………………… 37
14　けっこん式にしょうたいされた …………………………………………………………… 38
15　けっこん式は6月なのに …………………………………………………………………… 39
16　席を決めなければなりません　➕Plus ～なくては ならない／いけない ………… 40

3 けっこん式（2）A wedding (2)　　42

17　だれが参加してもいい ……………………………………………………………………… 43
18　どんなものをあげるんですか　➕Plus ～てあげる ……………………………………… 44
19　あげなくてもいい …………………………………………………………………………… 45
20　あげたほうがいい …………………………………………………………………………… 46
21　あげることにします ………………………………………………………………………… 47
まとめの問題 ……………………………………………………………………………………… 48

4 私の町ハノイ（1）I'm from Hanoi (1) ... 50
- 22 行ったことがありますか ... 50
- 23 どんなところか知っていますか ... 51
- 24 7月になると ... 52
- 25 ハノイは東京よりずっと小さいです ... 53
- 26 その湖のまわり ... 54
- 27 散歩するのが好きです ... 55
- 28 歩くのに1時間かかりません ... 58
- 29 かめがかざられています ... 59

4 私の町ハノイ（2）I'm from Hanoi (2) ... 60
- 30 屋台がたくさん並んでいます ... 61
- 31 いいにおいがします ... 62
- 32 食べているところです ... 63
- 33 おいしそうでしょう？ ... 64
- **まとめの問題** ... 66

5 ハイキングの計画（1）Hiking plans (1) ... 68
- 34 始まったらしいです ... 69
- 35 きれいだと言っていました ... 70
- 36 連れていってもらいました　✚ Plus 〜をもらう ... 70
- 37 疲れそうです ... 72
- 38 ケーブルカーを使えば ... 73
- 39 道がわからなくなってしまった ... 75
- 40 ガイドブックに書いてあります ... 76
- 41 大丈夫でしょう ... 77

5 ハイキングの計画（2）Hiking plans (2) ... 79
- 42 調べておきます ... 79
- 43 いい天気だといいですね　✚ Plus 〜たら／ば いい ... 80
- 44 行きたい人がいるかもしれません ... 82
- 45 行くことになりました ... 83
- **まとめの問題** ... 84

6 木の上の子ねこ（1）A cat in the tree (1) ... 86
- 46 どうしたの？ ... 87
- 47 赤くなっているようだ ... 87
- 48 行ったほうがいいんじゃない？ ... 88
- 49 子ねこにかまれたんだ ... 89

6 木の上の子ねこ（2） A cat in the tree (2)　92

- 50 そのままに**しておいた**　93
- 51 おち**そうだった**　93
- 52 手をのばし**ても**　94
- 53 けがをし**なくて、よかった**　96
- 54 やさし**すぎる**　98
- 55 悪くならない**ように**　99
- 56 ちょっとかまれただけだ**し**、もう痛くない**し**　99
- まとめの問題　101

7 大好きなピアノ（1） I love the piano (1)　103

- 57 あそびに行く**な**　104
- 58 練習**しろ**　✚Plus ～なさい　105
- 59 **って**毎日言われて　106
- 60 教え**てくれた**　✚Plus ～を くれる／くださる　107
- 61 ひける**ようになった**　109

7 大好きなピアノ（2） I love the piano (2)　110

- 62 ピアノの楽し**さ**　110
- 63 練習**しよう**　111
- 64 **しようと思っています**　112
- 65 父の**ために**　113
- 66 ひく**つもりです**　114
- 67 子どもに習**わせ**たい　115
- まとめの問題　117

8 旅館のよやく（1） Booking a room at a traditional inn (1)　120

- 68 山下旅館**でございます**　✚Plus ございます　120
- 69 お願いしたい**んですが**　121
- 70 いつ**でしょうか**　122
- 71 和室と洋室と**どちらが**よろしい**でしょうか**　123
- 72 和室**のほうがいい**　124
- 73 洋室**より**和室**のほうが**少し広いです　125
- 74 和室**にします**　126

8 旅館のよやく（2） Booking a room at a traditional inn (2)　127

- 75 道はわかり**やすい**と思う　128
- 76 わかり**にくい**かもしれません　128
- 77 **お**待ち**しています**　129
- まとめの問題　132

9 ゆうしょうインタビュー（1） A post-victory interview (1)　134

- 78 **お気持ち** ………………………………………………………………… 135
- 79 おうえんし**ていただいた** …………………………………………… 135
- 80 いんたい**される** ……………………………………………………… 136
- 81 いんたい**される****そうです** ………………………………………… 138
- 82 試合**中** ………………………………………………………………… 139
- 83 考え**ていらっしゃいました** ………………………………………… 140

9 ゆうしょうインタビュー（2） A post-victory interview (2)　142

- 84 せんしゅ生活**で何がいちばんよかったですか** …………………… 142
- 85 プレーする**ようになりました** ……………………………………… 143
- 86 教える**ことになっています** ………………………………………… 144
- 87 ゆっくり**お休みになって** …………………………………………… 145
- **まとめの問題** ………………………………………………………… 147

10 アルバイトのめんせつ（1） An interview for a part-time job (1)　150

- 88 **お入りください** ……………………………………………………… 151
- 89 アメリカから**まいりました** ………………………………………… 153
- 90 TOEFLのクラス**なら大丈夫** ………………………………………… 154

10 アルバイトのめんせつ（2） An interview for a part-time job (2)　156

- 91 使っ**てはいけない** …………………………………………………… 156
- 92 話さ**ないようにします** ……………………………………………… 157
- 93 来**てほしい** …………………………………………………………… 159
- **まとめの問題** ………………………………………………………… 160

11 便利な言葉 Useful vocabulary　162

- 1 助詞　Particles ………………………………………………………… 162
- 2 副詞　Adverbs ………………………………………………………… 165
- 3 指示語　Demonstratives ……………………………………………… 167
- 4 自動詞・他動詞　Intransitive and transitive verbs ………………… 168

模擬試験（1回分）Practice Test …………………………………………… 170
文型さくいん　Sentence Pattern Index …………………………………… 200
似ている文型リスト＜N4レベル＞　Similar Sentence Pattern List ＜Level N4＞ … 203
N4「できること」リスト　N4 Can Do List …………………………… 205

【別冊】Supplement
答え・スクリプト　Answers & Scripts　　解答用紙（マークシート）　Answer Sheets

1 あいさつの言葉
Greeting vocabulary

できること

- 基本的なあいさつや決まった表現を言うことができる。
  Use basic greetings and standard phrases.
- あいさつされたときに決まった受け答えができる。
  Give standard responses when greeted.

やってみよう！

▶答え 別冊P.1

この もんだいでは、えなどが ありません。まず ぶんを 聞いて ください。それから、その へんじを 聞いて、1から3の 中から、いちばん いい ものを 一つ えらんで ください。

1) 1 2 3 　06
2) 1 2 3 　07
3) 1 2 3 　08
4) 1 2 3 　09

2 おかし作り（1）
Making sweets (1)

できること
- 手作りの物などを謙遜しながらすすめることができる。
  Humbly recommend hand-made things and the like.

キム：高橋さん。これ、ちょっと食べて**み
　　　て**ください。
高橋：わあ、おいし**そう**ですね。キムさん
　　　が作った**ん**ですか。
キム：はい。料理教室で作り**方**を習った
　　　ので、作ってみました。
高橋：へえ、すごいですね。こんなケーキを作る**ことができる**んですか。
キム：でも、はじめて作ったので、おいしい**かどうか**…。

1 食べてみてください

どう使う？

「～てみる」は、いいかどうか試しに少しすると言うときに使う。
Use "～てみる" when a person tries something a little to see if he or she likes it.

V-て ＋ みる

① A：あのレストランのカレー、おいしいですよ。
　 B：そうですか。じゃ、今度食べてみます。
② このくつ、軽くてとてもいいですよ。ちょっとはいてみてください。
③ このゲーム、やってみませんか。

やってみよう！

▶答え 別冊P.1

例）日本の旅館に（　とまって　）みたいです。
1）おんせんに（　　　　　　）みたいです。
2）スキーを（　　　　　　）みたいです。
3）雪まつりを（　　　　　　）みたいです。
4）着物を（　　　　　　）みたいです。
5）日本のお酒を（　　　　　　）みたいです。

2　おいしそうですね

どう使う？

「～そうだ」は、見て感じた様子や状態を言うときに使う。
Use "～そうだ" to describe something's appearance or condition judged only by looking at it.

いA ~~い~~
なA ~~だ~~ ＋ そうだ

＊いい → よさそうだ

①外は、寒そうです。
②明日は天気がよさそうです。

③きのう高校のときの友だちに会いましたが、とても元気そうでした。

やってみよう！

▶答え 別冊P.1

例)

1)

2)

大下

小山

3)

例) このケーキは ___おいし___ そうです。

1) この車は _____ そうです。

   この車は _____ そうです。

2) 大下さんは _____ そうです。

   小山さんは _____ そうです。

3) 山田さんのお母さんは _____ そうです。

   お父さんは _____ そうです。

安い　きびしい　忙しい　高い　やさしい　ひま　おいしい

❗「～そうだ」は名詞には使わない。
Do not use "～そうだ" with a noun.
あの人は先生そうです。

「V-ます ＋ そうだ」の形も使われる。
You can also use the "V-ます ＋ そうだ" form.
①大山さんはお金がありそうです。
②高田さんはお酒がたくさん飲めそうです。

☞ 37. 疲れそうです
　 51. おちそうだった
　 81. いんたいされるそうです

3　作ったんですか

どう使う？

「〜んです」は、相手の事情を説明してほしいときや自分の事情を話したいときなどに使う。理由を言うときにも使う。
Use "〜んです", for example, when you want a person to explain their situation or when you want to talk about your situation. You can also use it to provide a reason.

PI ＋ んです
[なA だな　N だな]

①A：どうしたんですか。
　B：ちょっと気分が悪いんです。
②A：あれ、山田さん、今日仕事は？
　B：今日は休みなんです。
③A：そのシャツ、きれいですね。どこで買ったんですか。
　B：駅前のデパートです。

やってみよう！

▶答え 別冊P.1

例) A：きのう、どうして来なかったんですか。
　　B：すみません。ねつが ＿＿あった＿＿ んです。
1) A：山田さんは歌わないんですか。
　　山田：ええ、歌が ＿＿＿＿＿＿＿＿＿＿ んです。
2) A：パーティーの申込書、どこに ＿＿＿＿＿＿＿＿＿＿ んですか。

B：私も知らないんです。事務所で聞きましょう。

3) A：どうしたんですか。

B：歯が _____ んです。

4) A：先生、この問題が _____ んです。

B：じゃ、もう一度説明しますね。

わかります　痛いです　下手です　~~あります~~　出します

---

4 作り方

どう使う？

「～方」は、～する方法という意味で使う。
Use "～方" to talk about how to do something.

V-ます + 方

① この料理の作り方を教えてください。
② この漢字の読み方がわかりますか。

やってみよう！

▶答え 別冊 P.1

例) このくだものの ___食べ方___ を教えてください。

1) 日本の着物の _____ がわかりません。

2) 新しいコンピューターの _____ を習いました。

3) あなたはこのゲームの _____ を知っていますか。

4) これは上手な _____ の本です。スピーチの前に読んでください。

~~食べます~~　使います　着ます　話します　あそびます

5 作り方を習ったので

どう使う？

「〜ので」は、「〜から」と同じように原因・理由を言うときに使う。
Use "〜ので" to talk about a cause or reason, just like "〜から".

PI ＋ ので
[なA だな　N だな]

① 今日は雨が降っているので、ちょっと寒いです。
② 東京の地下鉄は便利なので、地下鉄でいろいろなところへ行きます。
③ バスが来なかったので、タクシーで行きました。
④ 今日は休みなので、動物園へ行きます。

やってみよう！

▶答え 別冊P.1

例) ニュースを　　見なかった　　ので、その事故を知りませんでした。
1) 兄は映画が　_____　ので、よく見に行きます。
2) 今日は　_____　ので、学校は休みです。
3) パソコンが　_____　ので、新しいのを買いました。
4) 私の家は駅から　_____　ので、不便です。

見ます　日曜日です　好きです　遠いです　こわれます

!))

「ので」は「から」よりもていねいな言い方で、個人的な理由や謝るときの言い訳によく使われる。
"ので" is a more polite way of speaking than "から", so it is often used to offer a personal reason or to offer an excuse when apologizing.

① すみません。ねつがあるので、早く帰って寝ます。
② この会社のことをよく知らないので、いろいろ教えてください。

6 作ることができる

どう使う？

「〜ができる」は、〜をする能力があるとか、そこで〜が許可されているなどと言うときに使う。
Use "〜ができる" when you say, for example, that a person has the ability to do something, or that a certain action is permitted in a place.

V-る ＋ こと
N   ＋ ができる

① 私はギターをひくことができます。
② 田中さんはフランス語ができます。
③ 美術館では写真を撮ることができません。
④ インターネットでホテルのよやくができます。

やってみよう！

▶答え 別冊P.2

例） 　　1) 　　2)

3) 　　4)

例） 私は ＿＿すしを作ることができます＿＿ 。
1) 私は ＿＿＿＿＿＿＿＿＿＿＿＿＿＿＿＿＿＿ 。
2) この川は危ないので、＿＿＿＿＿＿＿＿＿＿＿＿＿＿＿＿ 。
3) 私はパソコンを ＿＿＿＿＿＿＿＿＿＿＿＿＿＿＿＿ 。
4) この映画館では、水曜日は ＿＿＿＿＿＿＿＿＿＿＿＿＿＿＿＿ 。

「N ＋ ができる」は「完成する」の意味でも使われる。
" N ＋ ができる" is also used to mean that something is completed.
①駅のそばにスーパーができました。
②A：先週の出張のレポート、まだできないんですか。
　B：すみません。もうすぐできると思います。

7　おいしいかどうか

どう使う？

「〜かどうか」は、「するかしないか・そうかそうじゃないか」を言うときに使う。後ろの言葉は「知っている・言う・聞く・わからない・〜てみる」などがよく使われる。
Use "〜かどうか" when you say "will or will not" or "like this or not like this". Words such as "知っている・言う・聞く・わからない・〜てみる" are often used afterward.

PI ＋ かどうか
[なA だ　N だ]

①明日パーティーがあるかどうか、知っていますか。
②テストを出す前に、まちがいがないかどうか、よく見てください。
③田中さんの話は本当かどうか、わかりません。

やってみよう！

▶答え 別冊P. 2

例）いい部屋が ＿＿ある＿＿ かどうか、インターネットでさがしてみます。
1）あの図書館、日曜日が ＿＿＿＿＿＿ かどうか、知っていますか。
2）あのレストランは ＿＿＿＿＿＿ かどうか、わかりません。
3）この仕事、明日までに ＿＿＿＿＿＿ かどうかわかりませんが、やってみましょう。
4）明日いっしょにカラオケに ＿＿＿＿＿＿ かどうか、友だちに電話して聞いてみます。

| あります　おいしいです　行きます　休みです　できます |

2 おかし作り（2）
Making sweets (2)

できること
- 手作りの物などについて説明することができる。
  Explain hand-made things and the like.

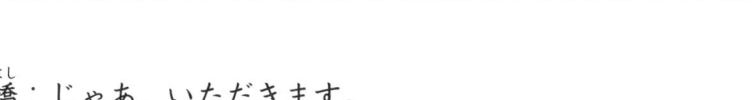

高橋：じゃあ、いただきます。

キム：あ、このフルーツソースをかけて、食べてください。

高橋：はい。…ああ、おいしい！

キム：そうですか。よかった。このソースはフルーツのかわをむかないで、全部使っているんです。

高橋：そうなんですか。ごちそうさまでした！

キム：え？　もう全部食べてしまったんですか。

高橋：ええ。本当においしかったです。私も作りたいなあ。

キム：じゃあ、今度時間があったら、いっしょに作りましょう。かんたんに作れますよ。

8　このフルーツソースをかけて

どう使う？

「〜て」は、「かさをさして歩く」のようにその状態（かさをさした）のまま、次の動作（歩く）をするときに使う。「書いて覚える」のように手段にも使われる。
Use "〜て" to talk about an action that follows a previous, continuing action. For example, "かさをさして歩く" literally means to "hold an umbrella and walk" (i.e. "walk with an umbrella"). It is also used to explain how something is done or occurs, such as in "書

いて覚える".

V-て + V

① シートベルトをして運転してください。
② 暑かったのでまどを開けて寝ました。
③ 下の絵を見て答えてください。
④ この絵は色えんぴつを使ってかきました。

やってみよう！

▶答え 別冊P. 2

例)  1)  2)  3)  4)

例) 雨の日は（　かさをさして　）学校へ行きます。
1) 暑い日は（　　　　　　　　）学校へ行きます。
2) 寒い日は（　　　　　　　　）学校へ行きます。
3) （　　　　　　　　　）ハイキングに行きます。
4) （　　　　　　　　　）パーティーに行きます。

9　かわをむかないで

どう使う？

「～ないで」は、「かさをささないで歩く」のようにそれをしない状態（かさをささない）のまま、次の動作（歩く）をするときに使う。「書かないで覚える」のように手段にも使われる。

Use "〜ないで" to talk about an action that follows a previous action that did not occur. For example, "かさをささないで歩く" literally means to "not hold an umbrella and walk" (i.e. "walk without an umbrella"). It is also used to explain how something is done or occurs, such as in "書かないで覚える".

V-ない + で + V

① 時間がなかったので、朝ご飯を食べないで、学校へ行きました。

②さいふを持たないで、出かけました。
③辞書を使わないで、作文を書きます。

やってみよう！

▶答え 別冊P.2

例) 明日試験があるので、（ 寝ないで ）勉強します。
1) さとうを（　　　　　）、コーヒーを飲みます。
2) かさを（　　　　　）歩いている人がいます。
3) 疲れたので、シャワーを（　　　　　）、寝ました。
4) テキストを（　　　　　）、答えを書いてください。

10　全部食べてしまった

どう使う？

「～てしまう」は、時間がかかる動作が早く終わる、全部終わると言うときに使う。
Use "～てしまう" when you say that an action that takes time is finished early or is completely finished.

V-て ＋ しまう

①今日の宿題はもう全部やってしまいました。

② A:本、ありがとうございました。とてもおもしろかったです。

　B:え？ もう読んでしまったんですか。

③ このイラストは5時までにかいてしまいたいと思っています。

やってみよう！

▶答え 別冊P. 2

例）冷蔵庫のジュースは全部　__飲んで__　しまいました。
1）この仕事は昼休みまでに　_____　しまいたいと思います。
2）見学のレポートはきのう　_____　しまいました。
3）料理の材料や飲み物は、このスーパーで全部　_____

　しまいましょう。
4）雨が降る前に、犬の散歩に　_____　しまいましょう。

| やります　行きます　買います　書きます　~~飲みます~~ |

11　時間があったら

どう使う？

「～たら、…」は、「もし～の場合は…」と言うときに使う。
Use "～たら、…" when you say "If ～, then..."

Pl ＋ ら

［過去形だけ　Past form only］

動詞	行く ある	行ったら あったら	行かなかったら なかったら
い形容詞	おいしい いい	おいしかったら ＊よかったら	おいしくなかったら ＊よくなかったら
な形容詞	元気だ	元気だったら	元気じゃなかったら
名詞	雨だ	雨だったら	雨じゃなかったら

① もし1000万円あったら、世界旅行をします。

②お金がなかったら、困ります。
③明日天気がよかったら、ハイキングに行きませんか。
④日曜日、ひまだったら、あそびに来てください。

1 「～たら」には「～たあとで」の意味もある。
"～たら" also means "After ～, then…"
①駅に着いたら、電話してください。
②夏休みになったら、国へ帰ります。

2 「～たらいいですか」の形でアドバイスを求めたり、「～たらどうですか」の形で、アドバイス・提案の意味を表す使い方もある。
Other uses include the "～たらいいですか" form to ask for advice, and the "～たらどうですか" form to give advice or make a suggestion.
①A：北海道のおみやげは何を買ったらいいですか。
　B：ホワイトチョコレートを使った有名なおかしがありますよ。
②A：夕飯、何にしたらいい？
　B：カレーにしたらどう？

3 人を誘ったり、人にすすめたりするとき、「よかったら」をよく使う。
"よかったら" is often used to invite a person or suggest something to a person.
①これ、私が作ったんです。よかったら食べてみてください。
②明日、山へ行くんですが、よかったらいっしょに行きませんか。

やってみよう！

▶答え 別冊P.2

例）雨が ＿＿降ったら＿＿、出かけません。
1）危ないので台風が ＿＿＿＿＿＿、海へ行かないでください。
2）明日 ＿＿＿＿＿＿、野球の試合はありません。
3）駅から ＿＿＿＿＿＿、歩いて行きましょう。
4）仕事が ＿＿＿＿＿＿、お酒を飲みに行きませんか。

5）18歳に _____、めんきょを取ることができます。

6）もう5時間も働いていますよ。少し _____ どうですか。

| 降ります　来ます　休みます　なります　雨です　近いです　終わります |

12　かんたんに作れます

どう使う？

可能形は、「～ことができる」と同じ意味。それをする能力があるとか、どこで何ができるなどと言うときに使う。
The potential form has the same meaning as "～ことができる". Use it when you say, for example, that a person has the ability to do something, or what can be done in a place.

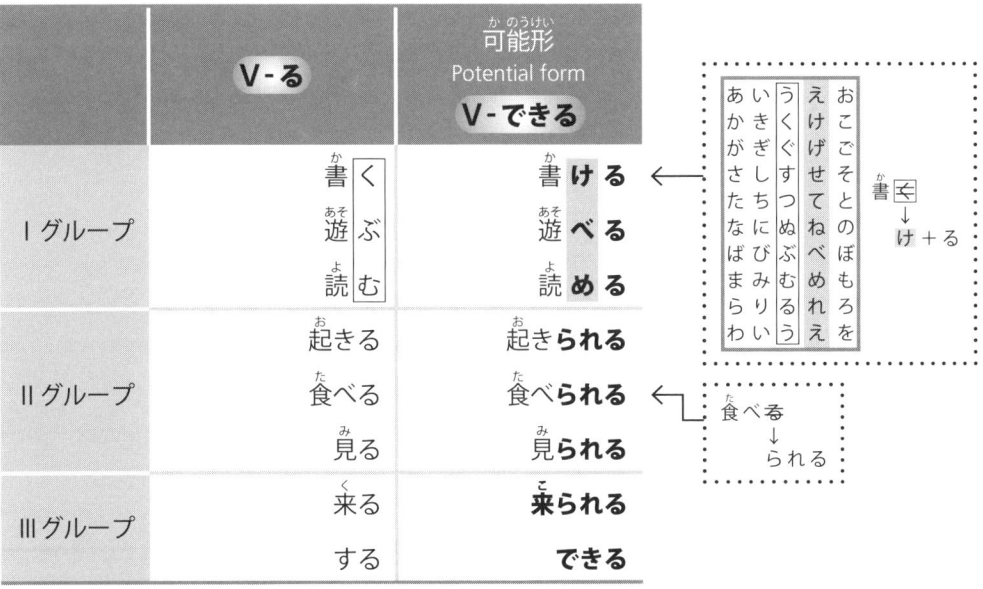

＊可能形はⅡグループの動詞と同じ活用をする。
　Tenses in the potential form are conjugated in the same way as for Group 2 verbs.

　書く → 書ける（Ⅱグループ）：書けます・書けない・書けて・書けた
　　A：漢字、書ける？
　　B：ううん、まだ書けない。

＊Ⅱグループの動詞は話すとき「食べれる・見れる」のように「ら」のない形も使われる。
　In conversation, Group 2 verbs are often used without the "ら", as in "食べれる・見れる".

> 可能形の文では目的語を表す「を」を「が」に変える。
> In a potential form sentence, the particle for the object changes from "を" to "が".
>
> コンピューターを使う → コンピューターが使える
> ①私は日本語の新聞が読めます。
> ②私はお酒が飲めません。
> ③A：この図書館、雑誌も借りられますか。
> 　B：ええ、古い雑誌は大丈夫ですよ。

やってみよう！

▶答え 別冊P.2

例） 私は漢字が100字 ___書けます___ 。

1) 鈴木さんはピアノが _____。
2) あのビール工場はいつでも _____。
3) A：明日の朝7時に会社に _____ か。
　 B：はい、わかりました。
4) うちのむすこは4歳ですが、自転車に _____。

| ~~書きます~~　来ます　見学します　ひきます　乗ります |

「見られる」「聞ける」と「見える」「聞こえる」

> 「見える」と「聞こえる」は、「自然に自分の視界や耳に入る」という状態を表す。一方、「見られる・聞ける」は意識して「見る（聞く）ことができる」ことを表す。
>
> "見える" and "聞こえる" express that something is "naturally within one's vision or hearing range," whereas "見られる・聞ける" express that one "can see or hear if he or she intends."
>
> ①まどから木が見えます。
> ②日本ではいろいろな国の映画が見られます。

③となりの部屋から赤ちゃんの声が聞こえます。
④このラジオで外国のほうそうが聞けます。

やってみよう！

▶答え 別冊P.2

1) あそこに白いビルが（見られます・見えます）ね。銀行はあの中です。
2) 上野動物園でパンダが（見られます・見えます）よ。
3) あ、鳥の声が（聞けます・聞こえます）よ。きれいな声ですね。
4) インターネットで、いつも新しい歌が（聞けます・聞こえます）。

人が意志を持って行う動作だけ可能形になる。人の意志に関係ない動詞（困る・疲れる・病気になる・間に合う・なれる など）は可能形にはできない。
The potential form is only used for actions that a person voluntarily chooses to take. You cannot use the potential form for verbs that are not related to a person's will (困る・疲れる・病気になる・間に合う・なれる etc.)

また、「荷物が入る・水が出る」などの物が主語の場合や、「できる・わかる」などの可能の意味がある動詞にも使えない。
Also, you cannot use the potential form when an inanimate object is the subject, as in "荷物が入る・水が出る". Nor can you use it for verbs that describe a capability, such as "できる・わかる".

6時の電車に間に合えますか。　⇒　○ 間に合いますか
このかばんは荷物がたくさん入れますよ。　⇒　○ 入りますよ
この本を読んだらいろいろなことがわかれます。　⇒　○ わかります

まとめの問題 Review questions

▶答え 別冊P.11

もんだい1 〈文の組み立て〉

___★___ に 入る ものは どれですか。1・2・3・4から いちばん いい ものを 一つ えらんで ください。

[1] けさ ____ ____ ★ ____ 間に合いませんでした。

    1 おくれた　　**2** じゅぎょうに　　**3** ので　　**4** 電車が

[2] 電車を おりる とき、____ ____ ★ ____ ください。

    1 たしかめて　　**2** 忘れ物が　　**3** かどうか　　**4** ない

[3] しゅうまつ ____ ____ ★ ____ 行きませんか。

    1 時間が　　**2** 映画を　　**3** 見に　　**4** あったら

[4] 今日 ____ ____ ★ ____ この びじゅつ館は 休みです。

    1 月曜日　　**2** は　　**3** ので　　**4** な

もんだい2 〈文章の文法〉

[1] ～ [4] に 何を 入れますか。1・2・3・4から いちばん いい ものを 一つ えらんで ください。

> 今日、キムさんが 作った ケーキを 食べた。キムさんは はじめて 作ったと 言って いたけど、とても おいしかった。わたしは ケーキが 大好きだが、[1]。キムさんが 作った ケーキを 食べて、わたしも 自分で 作って みたいと 思った。[2]、今度 キムさんと いっしょに 作る やくそくを した。おいしく [3] かどうか わからないが、上手に [4]、友だちにも あげたい。

[1]　**1** 作れない　　**2** 作れる　　**3** 作る　　**4** 作った

[2]　**1** なぜなら　　**2** それに　　**3** ところが　　**4** それで

[3]　**1** 作る　　**2** 作らない　　**3** 作れる　　**4** 作れない

| 4 | **1** できたら **2** できても **3** できなかったら **4** できて |

もんだい3 〈聴解〉

1 まず しつもんを 聞いて ください。それから 話を 聞いて、もんだいようしの
1から4の 中から、いちばん いい ものを 一つ えらんで ください。

| 1 | **1** かいぎを する **2** コピーする **3** 女の人を よぶ **4** へやに 帰る | 🎧12 |

| 2 | **1** 京都へ あそびに 行く **2** フェスティバルに 行く **3** フェスティバルに 行かない **4** まだ わからない | 🎧13 |

2 このもんだいでは えなどが ありません。まず、ぶんを 聞いて ください。
それから、そのへんじを 聞いて、1から3の 中から、いちばん いい ものを 一つ
えらんで ください。

🎧14

   1 **2** **3**

3 けっこん式（1）
A wedding (1)

できること
- 言葉などの意味を簡単に説明できる。
  Simply explain the meaning of words and the like.
- 習慣や規則について説明したり質問したりできる。
  Explain and ask about customs and rules.

🎧 15

タン：すみません。山田さん、これは何ですか。

山田：ああ、それは「ごほうめい」と読むんですよ。名前**という意味**です。

タン：そうですか。ありがとうございます。

山田：タンさん、けっこん式にしょうたい**された**んですか。

タン：はい。けっこん式は6月な**のに**、もうしょうたいじょうがとどいたんです。

山田：日本ではふつう3か月前に出しますよ。

タン：どうしてそんなに早いんですか。

山田：パーティーの席を決め**なければなりません**から。

タン：え!? 席を決めるんですか。

山田：ええ。

13 名前という意味です

どう使う？

「～という意味」は、言葉やマークなどの意味を説明するときに使う。
Use "～という意味" when you explain the meaning of a word, symbol or the like.

PI ＋ という意味

*「 なA ／ N ＋ という意味」や「 V-しろ ／ V-よう ＋ という意味」の形も使われる。
　You can also use it as in " なA ／ N ＋ という意味" or " V-しろ ／ V-よう ＋ という意味".

① 「礼状」はお礼の手紙という意味です。

② これはくもりですがときどきはれるという意味です。

③ A：先生、この△はどういう意味ですか。
　 B：答えがちょっとちがうという意味です。

④ 日本語の「すみません」は、ありがとうという
　 意味でも使います。

やってみよう！

▶答え 別冊P. 2

例) A：これはどういう意味ですか。
　　B：ここに（ おんせんがある ）という意味です。

1) A：これはどういう意味ですか。
　　B：左に（　　　　　　　）という意味です。

2) A：これはどういう意味ですか。
　　B：おなかに（　　　　　　　）という意味です。

3) A：これはどういう意味ですか。
　　B：（　　　　　　　）という意味です。

例) 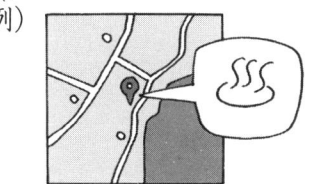　　1) 　　2) 　　3)

14 けっこん式にしょうたいされた

どう使う？

受身形は、行為を受けた人を中心にして話したいときに使う。行為をした人は助詞「に」で表す。「ほめる・さそう・助ける・頼む・しょうたいする」などがよく使われる。

Use the passive form when you want to talk about a receiver of an action. Indicate the person who did the action with the particle "に". The passive form is often used with words such as "ほめる・さそう・助ける・頼む・しょうたいする".

	V-る	受身形 Passive form V-られる
Iグループ	頼む 呼ぶ さそう	頼まれる 呼ばれる さそわれる
IIグループ	ほめる 助ける 見る	ほめられる 助けられる 見られる
IIIグループ	連れてくる しょうかいする	連れてこられる しょうかいされる

頼む → ま + れる

あ か さ た な は ま ら わ
い き し ち に ひ み り
う く す つ ぬ ふ む る
え け せ て ね へ め れ
お こ そ と の ほ も ろ を

ほめる → られる

① 私はスミスさんにパーティーにしょうたいされました。
② 私は社長に仕事を頼まれました。
③ きのう知らないおばあさんに道を聞かれました。
④ ピアノが上手にひけたので、先生にほめられました。

①

やってみよう！

▶答え 別冊P.2

例）

1）

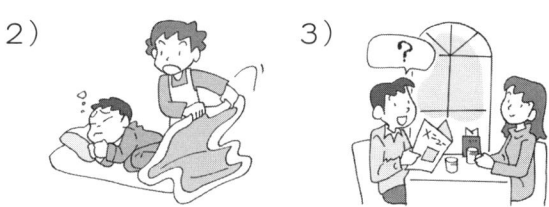

例) 私は母に買い物を ___頼まれ___ ました。
1) 私はみんなに「ケン」と _____ ています。
2) 私は毎日母に _____ ています。
3) 私は上田さんに「何が好き?」と _____ ました。

| 呼びます　聞きます　頼みます　起こします |

☞ 29. かめがかざ**られています**
　49. 子ねこに**かまれたんだ**

15 けっこん式は6月な**のに**

どう使う?

「~のに」は「~ので」と反対の意味で、話し手の不満や残念な気持ち、驚いた気持ちを表すときに使う。
" ~のに" means the opposite of "~ので". Use it when you want to express dissatisfaction, disappointment, or surprise.

Pl ＋ のに
[**なA** だな　**N** だな]

① A : かぜをひいているのに、仕事に行くんですか。
　 B : ええ、会議があるので休めないんです。
② 仕事が忙しいのに、山田さんは今日も休みです。
③ もう3月なのに、とても寒いですね。
④ A : おなか、すきましたね。
　 B : え? さっきたくさん食べたのに、もうおなかがすいたんですか?

やってみよう！

▶答え 別冊P.2

例) リンさんは歌が上手なのに、(a)。
1) 大石さんは中国に2年住んでいるのに、(　　)。
2) ピアノを毎日練習しているのに、(　　)。
3) あの人はもう70歳なのに、(　　)。
4) あの子は雨が降っているのに、(　　)。

a　みんなの前で歌いません	b　なかなか上手になりません
c　毎日10キロ走っています	d　中国語がぜんぜん話せません
e　外であそんでいます	

16　席を決めなければなりません

どう使う？

「〜なければならない」は、必要なことだから、やりたくなくてもやる義務があると言うときに使う。
Use "〜なければならない" when you want to say that something has to be done, even if you or someone else does not want to.

V-ない ＋ なければならない

① 明日試験がありますから、今晩は勉強しなければなりません。
② A：この本は月曜日までに返さなければなりませんか。
　 B：はい、月曜日までに返してください。
③ 日本では、車は道の左側を走らなければなりませんから、大変です。

> 相手の誘いを受けたいが、ほかのことをする必要があると言って、誘いを断るときの理由に使うことも多い。
> It is often used to give a reason for declining an invitation by saying that you want to accept it, but you have something else that you have to do.
>
> 例) A：これからカラオケに行きませんか。

B：すみません。今日は早く帰らなければならないんです。

やってみよう！

▶答え 別冊P.3

例) 明日は日曜日ですが、会社へ　<u>行か</u>　なければなりません。

1) このプールではかならずぼうしを ＿＿＿＿＿ なければなりません。

2) A：住所も ＿＿＿＿＿ なければなりませんか。
   B：いいえ、名前だけ書いてください。

3) A：これからいっしょに映画を見に行きませんか。
   B：すみません。スピーチのじゅんびを ＿＿＿＿＿ なければならないので…。

4) 留学するとき、ビザを ＿＿＿＿＿ なければなりません。

行きます　取ります　します　かぶります　書きます

➕ Plus

〜なくてはならない／〜なくてはいけない

「〜なければならない」は、「〜なくてはならない／〜なくてはいけない」とも言う。
"〜なくてはならない" and "〜なくてはいけない" are variations of "〜なければならない".

① A：すみません。この子のチケットも買わなくてはなりませんか。
   B：はい、子どもさんもチケットを買ってください。

② 今日は歯医者へ行かなくてはいけないので、お先に失礼します。

3 けっこん式（2）
A wedding (2)

できること

- 習慣や規則について説明したり質問したりできる。
  Explain and ask about customs and rules.
- 習慣などについてアドバイスをすることができる。
  Give advice about customs and the like.

🎧 16

タン：日本のけっこん式は、しょうたいじょうがない人は出席できないんですか。

山田：ええ、そうですよ。

タン：私の国では、だれが参加し**てもいい**んです。

山田：へえ、そうなんですか。

タン：ええ。

山田：ベトナムではおいわいはどんなもの**をあげる**んですか。

タン：何もあげ**なくてもいい**んです。

山田：そうですか。でもタンさん、日本では、おいわいはあげ**たほうがいい**と思いますよ。

タン：そうですね。じゃ、何かあげる**ことにします**。

17 だれが参加してもいい

どう使う？

「〜てもいい」は、ある動作をしても大丈夫、問題がないと言うときに使う。
Use "〜てもいい" when you want to say that it is okay to take a certain action or that there is no problem with it.

V-て ＋ もいい

①A：土曜日に学校の教室を使ってもいいですか。
　B：ええ、午前中は先生がいますから、使ってもいいですよ。
②A：教室でお弁当を食べてもいいですか。
　B：お弁当は食堂で食べてください。
③A：たばこを吸ってもいいですか。
　B：すみません、ここでは吸わないでください。
④A：いっしょに行ってもいいですか。
　B：すみません。今日はちょっと…。

やってみよう！

▶答え 別冊P.3

例）作文を書くとき、辞書を ___使って___ もいいです。
1）ここに車を _____ もいいですか。
2）ねつがなかったら、おふろに _____ もいいです。
3）部屋の空気が悪いですから、まどを _____ もいいですか。
4）このペンを _____ もいいですか。

　　使います　止めます　開けます　借ります　入ります

「〜てもいいですか」のていねいな形は「〜てもよろしいですか」になる。
The polite form of "〜てもいいですか" is "〜てもよろしいですか".
①すみません。ここに座ってもよろしいですか。
②明日の夜、9時ごろ電話してもよろしいですか。

18　どんなものをあげるんですか

どう使う？

「あげる」は、プレゼントなどの物をほかの人に与えるときに使う。与える相手は助詞「に」で表す。
Use "あげる" when you give a present or something to another person. Use the particle "に" for the person to whom you are giving it.

①私は日本人の友だちに国のおかしをあげました。

②このパン、たくさんあるから1つあげるよ。

 1 相手が年下や動物、植物の場合は「あげる」のかわりに「やる」を使うこともある。
You can also use "やる" in place of "あげる" if the recipient is a younger person, an animal, or a plant.

①私は毎日うちの犬にえさをやります。

②兄：これ、もらったんだけど、使わないから、やるよ。
　弟：ありがとう。

2　「あげる」の謙譲語は「さしあげる」。
The humble form of "あげる" is "さしあげる".

①私は先生に国のおみやげをさしあげました。

②A：このカタログ、もらってもいいんですか。
　B：はい。どうぞ。みなさんにさしあげています。

Plus
～てあげる

相手のために自分が何かをすることを言うときには「V-て ＋ あげる」を使う。目上の人に対して直接「～てあげる・～てさしあげる」とは言わない。
Use " V-て ＋ あげる" when you say that you will do something for another person. Do not say "～てあげる・～てさしあげる" directly to a higher ranking person.

①私はきのう妹にゲームを買ってあげました。

②A：佐藤さん、料理上手だね。

B：そう？　また作ってあげるね。
　③友だちに中国語を教えてあげました。

19　あげなくてもいい

どう使う？

「～なくてもいい」は、する必要がないと言うときに使う。
Use "～なくてもいい" when you say that something does not need to be done.

V-ない ＋ なくてもいい

①土曜日は学校へ行かなくてもいいです。
②今日はすずしいですから、エアコンをつけなくてもいいです。

やってみよう！

▶答え　別冊P.3

例）私の国では家の中に入るとき、くつを　__脱がなくて__　もいいです。
1）このプリントは宿題ではありませんから、_____ もいいです。
2）明日は休みですから、朝早く _____ もいいです。
3）A：このズボンも洗濯しますか。
　　B：それは _____ もいいです。
4）ねつが下がったら、この薬を _____ もいいです。

　　　脱ぎます　洗います　出します　起きます　飲みます

「～なくてもかまいません」という言い方もある。
Another way to say "～なくてもいい" is "～なくてもかまいません".

①きらいだったら、食べなくてもかまいませんよ。
②作文は、上手に書けなくてもかまいませんから、自分で書いてください。

20　あげたほうがいい

どう使う？

「～たほうがいい」は、困っている相手にアドバイスするときや、どちらがいいか自分の意見を言うときに使う。
Use "～たほうがいい" when you give advice to a person with a problem, or when you give your opinion on which option should be taken.

V-た
V-ない ＋ ほうがいい

① かぜですか。早く帰って、寝たほうがいいですよ。
② たばこは体によくないから、吸わないほうがいいですよ。
③ A：何か意見がありますか。
　 B：ごみばこが少なくて不便ですから、もう少しふやしたほうがいいと思います。

やってみよう！

▶答え 別冊P.3

例）雨が降りそうだから、かさを ___持っていった___ ほうがいいですよ。

1）病気がなおるまで、お酒は ＿＿＿＿＿＿ ほうがいいですよ。

2）困ったときは一人で考えないで、家族や友だちに ＿＿＿＿＿＿ ほうがいいですよ。

3）ここは駅の前ですから、ここに車を ＿＿＿＿＿＿ ほうがいいですよ。

4）A：テストの前は、たくさん ＿＿＿＿＿＿ ほうがいいと思います。
　 B：そうですね。でも、テストのとき、ねむくなったら困りますから、前の日は早く ＿＿＿＿＿＿ ほうがいいと思います。

持っていきます　飲みます　止めます　そうだんします　寝ます
勉強します

21 あげることにします

どう使う？

「～ことにします」は、自分の意志で、ある行動をするかしないか決めたときに使う。
Use "～ことにします" when you yourself decide to take or not take a certain course of action.

V-る
V-ない] ＋ ことにする

① 最近、目が悪くなったので、めがねをかけることにしました。
② A：大学を卒業したら、大学院に行くんですか。
　　B：いいえ、国へ帰ることにしました。
③ A：今日は午後から雪になりますよ。
　　B：じゃ、今日は出かけないことにします。うちで仕事をします。

やってみよう！

▶答え 別冊P.3

例) 　1) 　2)

3) 　4)

例) 私は毎朝野菜ジュースを（ 飲む ）ことにしました。
1) 毎朝5キロ（　　　　　）ことにしました。
2) あまいものを（　　　　　）ことにしました。
3) 毎日自分で料理を（　　　　　）ことにしました。
4) たばこを（　　　　　）ことにしました。

☞45. 行くことになりました

まとめの問題 Review questions

▶答え 別冊P.12

もんだい1 〈文の組み立て〉

___★___ に 入る ものは どれですか。1・2・3・4から いちばん いい ものを 一つ えらんで ください。

[1] 今日は ___ ___ ★ ___ まだ 咲きませんね。
     1 さくらは   2 4月2日   3 公園の   4 なのに

[2] 夜は あぶないですから、一人で ___ ___ ★ ___ ですよ。
     1 ほうが   2 歩かない   3 いい   4 外を

[3] 5時に ___ ___ ★ ___ いいです。
     1 やめて   2 なったら   3 仕事を   4 帰っても

[4] 今から 図書館へ ___ ___ ★ ___ なりません。
     1 返しに   2 この   3 行かなければ   4 本を

[5] この ___ ___ ★ ___ です。
     1 いい   2 手紙には   3 切手を   4 はらなくても

[6] けっこんしきの パーティーに ___ ___ ★ ___ しました。
     1 行く   2 ことに   3 着て   4 着物を

[7] このマーク ___ ___ ★ ___ 意味です。
     1 という   2 洗えない   3 は   4 せんたくきで

もんだい2 〈文章の文法〉

[1]～[4] に 何を 入れますか。1・2・3・4から いちばん いい ものを 一つ えらんで ください。

ベトナムでは けっこんしきに だれが [1]。せきも きまって いませんから、どこに [2]。しかし、日本では すわる 席を きめ [3] から、しょうたいじょ

うを 早く 送ります。
けっこんしきの 会場では、うけつけで 名前を 言って、かならず おいわいの お金を
わたします。たいせつな けっこんしきですから、ちこくしたら、しつれいだと 日
本人は 思います。だから、日本では 早く ＿４＿。

1　1　来なければ なりません　　　2　来なくても いいです
　　3　来ても かまいません　　　　4　来たほうが いいです

2　1　すわっても いいです　　　　2　すわりましょう
　　3　すわったら いいですか　　　4　すわれます

3　1　なければ なりません　　　　2　なくても いいです
　　3　ても かまいません　　　　　4　ても いいです

4　1　行ったほうが いいです　　　2　行かないほうが いいです
　　3　行く ことに しました　　　4　行かない ことに しました

もんだい3 〈聴解〉

まず しつもんを 聞いて ください。それから 話を 聞いて、もんだいようしの 1から4
の 中から、いちばん いい ものを 一つ えらんで ください。

1　1　あいさつする　　　　　　　　2　じゅんびを する
　　3　プレゼントを とりに 行く　　4　休む

2　1　男の人が まだ テキストを 買って いないから
　　2　男の人が 今日 バイトの きゅうりょうが 出るから
　　3　男の人が 中国語の じゅぎょうを うけたいから
　　4　男の人に ケーキを もらったから

4 私の町ハノイ（1）
I'm from Hanoi (1)

できること
● 出身地を話題にして紹介することができる。
Talk about where you are from.

みなさん、こんにちは。今日は私の町をしょうかいしたいと思います。私の町はベトナムのハノイです。みなさん、行っ**た**ことがあります**か**。**どんな**ところ**か**知っていますか。ハノイは7月になる**と**、きれいな花がたくさん咲きます。それで町はとても美しくなります。

ハノイは東京**より**ずっと小さいですが、たくさん湖があります。町の中心の湖はとても有名です。私は**その**湖のまわりを散歩する**の**が好きです。湖はあまり大きくないので、まわりを歩く**のに**1時間かかりません。湖の中にあるお寺には大きいかめがかざ**られ**ています。とても大きいかめですから、ぜひ見てください。

22　行ったことがありますか

どう使う？

「〜たことがある」は、過去に〜した経験があると言うときに使う。
Use "〜たことがある" when you talk about a past experience of doing something.

V-た ＋ ことがある

① 私は一度アフリカへ行ったことがあります。
② 私は一度もなっとうを食べたことがありません。
③ 私はニューヨークでミュージカルを見たことがあります。

やってみよう！

▶答え 別冊P.3

例）私は歌舞伎を ___見た___ ことがあります。
1）私は日本の旅館に _____ ことがあります。
2）私は自動車の工場を _____ ことがあります。
3）チャンさんはまだ新幹線に _____ ことがありません。
4）マリアさんは、着物を _____ ことがあります。

見学します　乗ります　着ます　とまります　見ます

1「〜たことがある」は「きのう・先週」などの言葉といっしょに使わない。
Do not use "〜たことがある" with words such as "きのう・先週".
× 先週、富士山に登ったことがあります。
⇒ ○ 先週、富士山に登りました。

2「〜した経験」は今も自分の中にあるので「〜ことがあった」とは言わない。
An experience is something you still possess now, so do not use the past tense as in 〜ことがあった".
× 私は新幹線に乗ったことがありました。

23　どんなところか知っていますか

どう使う？

「疑問詞〜か」は、「いつするか」「どんなものか」などを言うときに使う。後ろの言葉は「知っている・言う・聞く・わからない・〜てみる」などがよく使われる。
You can use "question word 〜か" when you say, for example, "when he or she does something" or "how it is". Words such as "知っている・言う・聞く・わからない・〜てみる" are often used afterward.

「いつ・どこ・何」などの疑問詞 ＋ PI ＋ か
[なAだ　Nだ]

①この料理はどうやって作るか、教えてください。
②おみやげは何がいいか、聞きました。
③田中さんはどこへ行ったか、知っていますか。
④佐藤さんの電話番号は何番か、忘れてしまいました。

やってみよう！

▶答え 別冊P.3

例）A：試合は何時に始まりますか。
　　B：さあ、何時に（　始まる　）か、わかりません。
1）A：コピー、何枚必要ですか。
　　B：わかりません。何枚（　　　　　　）か、山田さんに聞いてください。
2）A：佐藤さん、今日、元気がありませんね。
　　B：そうですね。どうして元気が（　　　　　　）か、知っていますか。
3）A：東京から成田空港までいくらでしたか。
　　B：いくら（　　　　　　）か、忘れました。
4）A：今日のパーティー、だれが来ますか。
　　B：さあ、だれが（　　　　　　）か、私も知らないんです。

24　7月になると

どう使う？

「～と、…」は、自然の変化・機械の使い方・道順を説明するときなどによく使う。「～のときは必ず、いつも…になる」というときに使うことが多い。
" ～と、… " is often used, for example, to explain a natural change, how to use a machine, or directions. It is often used when you say, "When ～, ...will always happen."

PI ＋ と
［現在形だけ　Present form only］

①春になると、桜が咲きます。
②このボタンを押すと、きっぷが出ます。

③この道をまっすぐ行くと、銀行があります。
④スーパーが遠いと、不便です。
⑤いい天気だと、ここから富士山が見えます。
⑥すぐ行かないと、間に合いませんよ。

やってみよう！

▶答え 別冊P.3

例) お酒を ___飲む___ と、顔が赤くなります。

1) パスポートが _____ と、外国に行けません。
2) 右に _____ と、郵便局があります。
3) 雨が _____ と、水が足りなくなります。
4) このボタンを _____ と、音が大きくなります。
5) 100メートルくらい歩いて橋を _____ と、白い建物があります。
6) _____ と、仕事をするとき不便です。

渡ります　押します　曲がります　古いパソコンです
降りません　ありません　飲みます

> 後ろの文には、依頼・命令・意志を表す言葉は使えない。
> You cannot use a word that expresses a request, order, or intent in the second half of the sentence.
>
> ~~100メートル行くと、左に曲がってください。~~
> ○ 100メートル行くと、左に銀行があります。

25　ハノイは東京よりずっと小さいです

どう使う？

「AはBより〜」の形で、「AはBと比べると〜」という意味になる。
The "AはBより〜" form means "compared to B, A is 〜".

N₁ ＋ は ＋ N₂ ＋ より〜

①東京の地下鉄は私の国の地下鉄より便利です。
②兄は私より英語が上手です。
③今日のテストはきのうのよりやさしかったです。

やってみよう！

▶答え 別冊P.3

例) モスクワ（-10℃)・東京（0℃）
　　（ モスクワ ）は（ 東京 ）より 寒いです。

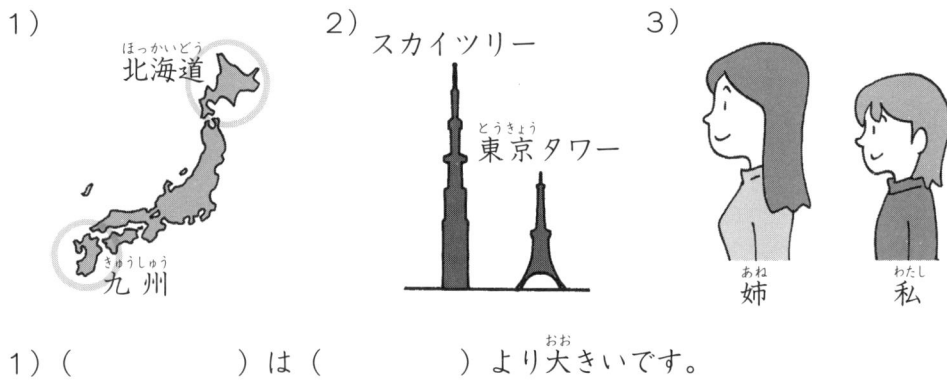

1) （　　　　　）は（　　　　　）より大きいです。
2) （　　　　　）は（　　　　　）より高いです。
3) （　　　　　）は（　　　　　）よりかみが長いです。

26　その湖のまわり

どう使う？

話し手が話した話題で、聞き手が知らないことをもう一度話すときに「それ・その」などを使う。
When the speaker or listener mentions something previously mentioned by the speaker, but the listener is not familiar with it, use a word such as "それ・その".

①私の家の前に学校ができました。その学校には大きいプールがあります。
②A：ディズニーランドのパレードが新しくなりましたね。
　B：そうですか。じゃ、そのパレードをいっしょに見に行きませんか。
③私は花屋で働いています。その花屋はいつもきれいな花でいっぱいです。

📎 聞き手が話題になっていることを知っているときは「あれ・あの」などを使う。
When the listener is familiar with the subject previously mentioned by the speaker, use a word such as "あれ・あの".

A：きのう、駅前のレストランに行ってきました。
B：ああ、あのレストラン、安くておいしいですよね。
C：へえ、そのレストラン、何という名前ですか。

やってみよう！

▶答え 別冊 P.3

例）A：きのう登った山、とてもきれいでした。
　　B：（その・あの）山、どこにあるんですか。
1）A：新しい薬ができたそうです。
　　B：（それ・あれ）、何の薬ですか。
2）A：昔、よくいっしょに川で魚をつったね。
　　B：そうだったね。（その・あの）川、今でもあるかな？
3）A：この間読んだ『山の上』という本、とてもおもしろかったですよ。
　　B：そうですか。（その・あの）本、貸していただけませんか。

27　散歩する**の**が好きです

どう使う？

「～の」は、文を名詞にするときに使う。
Use "～の" to turn the sentence into a noun phrase.

PI ＋ の
［ なA だな　N だな ］

①小林さんはギターをひくのが上手です。
②宿題を持ってくるのを忘れました。
③田中さんは野球が大好きなのを知っていますか。
④泳ぐのは楽しいですが、疲れます。

⑤高橋さんが先月けっこんしたのを知っていますか。

やってみよう！
▶答え 別冊P.4

例） A：何をするのが好きですか。
　　 B：山に　__登るの__　（ が ）好きです。

1） A：何か手伝いましょうか。
　　 B：じゃ、この荷物を _____（　　　）手伝ってください。

2） 佐藤さんは _____（　　　）速いです。

3） 私はトイレを _____（　　　）きらいです。

4） 昔いっしょに海で _____（　　　）覚えていますか。

5） まんがを _____（　　　）好きですが、
　　 本を _____（　　　）あまり好きではありません。

6） 友だちと _____（　　　）楽しいです。

泳ぎます　運びます　そうじします　旅行します　登ります
走ります　読みます　読みます

疑問を強調したいときに、質問文で「のは」が使われることが多い。
"のは" is often used in a question sentence when you want to add emphasis to the question.

① A：あそこにいるのはだれですか。
　　 B：佐藤さんです。

② A：今日ちこくしたのは、どうしてですか。
　　 B：電車の事故があったからです。

やってみよう！
▶答え 別冊P.4

例） A：国へ　__帰る__　のはいつですか。
　　 B：来週です。

1) A：アメリカへ _____ のは、いつですか。
　 B：来年の４月です。
2) A：小林さんが今いちばん _____ のは、何ですか。
　 B：新しいゲームです。
3) A：タイでいちばん _____ のは、どこですか。
　 B：バンコクです。
4) A：きのう学校を _____ のは、どうしてですか。
　 B：おなかが痛かったからです。

| ほしいです　休みます　にぎやかです　帰ります　行きます |

22〜33

「こと」と「の」

1 次のような文型では「こと」だけを使う。
The following sentence patterns only use "こと".

「私の趣味は〜ことです」「〜ことができます」「〜ことがあります」
「〜ことになりました」「〜ことにします」

2 次の場合は「の」だけを使う。
Only use "の" in the following cases.

2-1　お金や時間、用途や目的　☞28.歩くのに１時間かかりません
　　　Money, time, use or purpose

2-2　後ろに「見る・見える・聞く・聞こえる・待つ・手伝う・やめる」などの動詞を使う場合
　　　If you use a verb such as "見る・見える・聞く・聞こえる・待つ・手伝う・やめる" afterward.

①太郎くんがあそんでいるのが見えます。

②たばこを吸うのをやめた。

3 「の」は「人・場所・物・時間・理由」などにも使われる。
"の" is also used for people, places, things, time, reasons and so forth.

①あそこにいるのはだれですか。

4　私の町ハノイ(1)

②レストランがいちばん忙しいのは昼の12時から1時の間です。

やってみよう！

▶答え 別冊P.4

例）私は富士山に登った（(こと)・の）があります。
1）鈴木さんが歌っている（こと・の）が聞こえる。
2）この旅館でおんせんに入る（こと・の）ができます。
3）A：ここで何をしているんですか。
　　B：佐藤さんが帰ってくる（こと・の）を待っているんです。

28 歩くのに1時間かかりません

どう使う？

「〜のに…」は、目的（〜）のために「…」が必要であると言うときに使う。後ろの動詞には「使う・いる・便利・いい・役に立つ」などがよく使われる。
Use "〜のに…" when "..." is needed to achieve a purpose (〜). Words such as "使う・いる・便利・いい・役に立つ" are often used for the "..." part.

V-る ＋ のに

①高山病院まで行くのに1時間かかります。
②これはたまごを切るのに使います。
③学校へ持っていくのにちょうどいいかばんがほしいです。

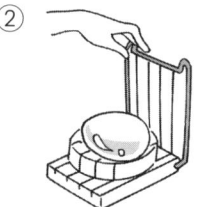
②

やってみよう！

▶答え 別冊P.4

1）テレビは日本語を勉強する（のに・ので）役に立つと思います。
2）けっこんする（のに・ので）新しい部屋をさがしています。
3）けっこんする（のに・ので）どれくらいお金がいりますか。
4）このかさは軽くて小さい（のに・ので）、旅行に持っていく（のに・ので）いいですよ。

29 かめがかざられています

どう使う？

受身形は、建物や作品、イベントなど、事実を説明したり発表したりするときにも使う。
「発明する・発見する・作る・開く」などがよく使われる。

You can also use the passive form when you explain or provide information about the facts on a building, product, event and the like. Words such as "発明する・発見する・作る・開く" are often used.

① 今夜ここでパーティーが開かれます。
② この歌はいろいろな国で歌われています。
③ 入学式は毎年4月に行われます。
④ 日本酒は米から作られます。

やってみよう！

▶答え 別冊P.4

例) この工場は1980年に ___建てられ___ ました。
1) 日本からいろいろな国へ車が _____ います。
2) このお寺は東京でいちばん古いと _____ います。
3) 来月スピーチ大会が _____ ます。
4) 大きい試合の前にはいつも国歌が _____ ます。
5) この絵はいつ _____ ましたか。

言います　ゆしゅつします　かきます　開きます　歌います　建てます

だれがしたか、を言いたいときは、「～によって」を使う。
Use "～によって" when you want to say who did something.

①『こころ』は夏目漱石によって書かれました。
② 電話は1876年にベルによって発明されました。
③ ホームからおちた男性は駅員によって助けられました。

☞ 14. けっこん式にしょうたいされた
49. 子ねこにかまれたんだ

4 私の町ハノイ（2）
I'm from Hanoi (2)

できること

● 出身地の場所や人の様子、有名な物などを説明できる。
Talk about topics such as the appearance or state of places and people where you are from and what is famous there.

🎧 20

　また、湖の近くには屋台がたくさん並ん**でいます**。近くへ行くと、いつもいいにおい**がします**。この写真を見てください。何を食べているかわかりますか。これはフォーを食べている**ところです**。フォーはお米で作られたベトナムの食べ物です。おいしそう**でしょう？**

　みなさん、ベトナムには、このほかにもきれいなところやおいしい食べ物がたくさんあります。ぜひ一度行ってみてください。

30 屋台がたくさん並んでいます

どう使う？

「～ている」は、ある動作のあと、その状態が続いていることを言うときに使う。
Use "～ている" when you talk about a continuing action.

V-て ＋ いる

①あ、さいふがおちていますよ。だれのかな。
②映画館の前に人がおおぜい並んでいますね。
③あそこにタクシーが止まっていますから、あのタクシーに乗りましょう。
④佐藤さんの部屋の電気がついていますよ。

やってみよう！

▶答え 別冊 P. 4

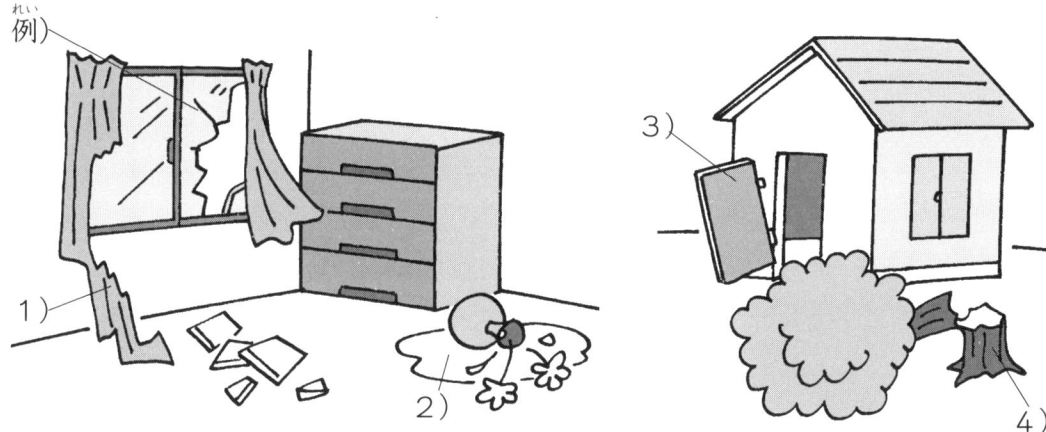

例）まどが　＿＿われて＿＿　います。

1）カーテンが　＿＿＿＿＿＿＿　います。

2）ゆかが　＿＿＿＿＿＿＿　います。

3）ドアが　＿＿＿＿＿＿＿　います。

4）木が　＿＿＿＿＿＿＿　います。

　こわれます　ぬれます　~~われます~~　おれます　やぶれます

31 いいにおいがします

どう使う？

「〜がする」は、におい、音、声、味が感じられるという意味で使う。
Use "〜がする" when you sense a scent, sound, voice or flavor of something.

N ＋ がする

① A：犬の声がしますね。
　　B：ああ、となりのうちに犬がいますから。
② A：ここは変なにおいがしますね。
　　B：ああ、これはおんせんのにおいですよ。

やってみよう！

▶答え 別冊P.4

例) A：あ、佐藤さんの ___声___ がするよ。
　　B：そうだね。だれと話しているのかな。

1) A：ただいま。ああ、いい _____ がするね。
　　B：うん。今夜はカレーライスだよ。

2) A：このアイスクリーム、お酒の _____ がしますね。
　　B：ええ、よくわかりましたね。日本酒が入っているんですよ。

3) A：ねえ。となりの部屋から電話の _____ がするよ…。
　　B：え？ となりにはだれも住んでいないのに、変だね。

| におい　声　音　味 |

32 食べているところです

どう使う？

「～ところだ」は、今の状況がどの場面かを説明するときに使う。「食べるところ」は「今から食べる」、「食べているところ」は「今食べている」、「食べたところ」は「食べ終わった」という意味になる。

Use "～ところだ" when you explain what the present situation is like. "食べるところ" means someone is "going to eat now," "食べているところ" means someone "is eating now," and "食べたところ" means someone has "just finished eating".

V-る
V-た   ＋ ところだ
V-て いる

① 今から友だちと出かけるところです。
② A：ねえ、ちょっと手伝って。
   B：ちょっと待って。今料理を作っているところだから。
③ ちょうど今、子どもが寝たところですから、静かにしてください。

やってみよう！

▶答え 別冊P.4

例） A：上田さん、コピー機、使ってもいいですか？
    B：ええ、どうぞ。ちょうど ＿＿終わった＿＿ ところです。

1） A：レポートできましたか。
    B：今 ＿＿＿＿＿＿＿＿ ところです。あと半分くらいです。

2） A：今どこ？
    B：駅。電車を ＿＿＿＿＿＿＿＿ ところ。今から行くね。

3） A：もしもし、大山さん、今どこですか。
    B：これから会社を ＿＿＿＿＿＿＿＿ ところです。

| 終わります　出ます　書きます　降ります |

33 おいしそうでしょう？

どう使う？

「～でしょう？」は、「私は～だと思いますが、あなたもそう思いますね」という気持ちを込めて、相手の意見を聞くときに使う。このときは文の後ろを高く上げて言う。
Use "～でしょう？" to ask for another person's opinion by adding a nuance that says, "This is what I think. You think so too, right?" When you use this expression, the intonation rises at the end of the sentence.

PI ＋ でしょう ↗

[なAだ　Nだ]

①A：このチョコレート、おいしかったでしょう？
　B：はい。本当においしかったです。
②A：学校が休みの日はひまでしょう？
　B：そうですね。少し時間があります。

やってみよう！

▶答え 別冊P. 4

例）A：今年の夏は　　暑かった　　でしょう？
　　B：ええ、本当に大変でした。

1）A：今、『海の音』というゲームをしているんです。
　　B：＿＿＿＿＿＿　でしょう？　私、あのゲーム、大好きなんです。

2）A：先週、富士山に登りました。
　　B：そうですか。＿＿＿＿＿＿　でしょう？

3）A：お母さん、ぼく、100点だったよ。＿＿＿＿＿＿　でしょう？
　　B：え、本当？　すごいわね。

4）A：このかばん、＿＿＿＿＿＿　でしょう？
　　B：わあ、いいなあ。私もほしい。

かわいいです　おもしろいです　暑いです　がんばります　疲れます

「～でしょう」の普通形（ふつうけい）は「～だろう」。
The plain form of "～でしょう" is "～だろう".

①A：このよごれはクリーニングに出しても取（と）れないだろう？
　B：そうね。取（と）れないよね。

②A：そのかばん、高（たか）かっただろう？
　B：ううん。そんなに高（たか）くなかったよ。

☞41. 大丈夫（だいじょうぶ）でしょう

まとめの問題 Review questions

▶答え 別冊P.12

もんだい1 〈文の組み立て〉

___★___ に 入る ものは どれですか。1・2・3・4から いちばん いい ものを 一つ えらんで ください。

1　あれ、____ ____ ★ ____ いますよ。変ですね。
　　1　電気が　　　2　山田さんの　　　3　ついて　　　4　部屋の

2　中国の ____ ____ ★ ____ 多いです。
　　1　人口は　　　2　アメリカ　　　3　より　　　4　ずっと

3　東京では、夏に ____ ____ ★ ____、とてもにぎやかです。
　　1　なると　　　2　行われて　　　3　花火大会が　　　4　大きい

4　これは ____ ____ ★ ____ です。
　　1　によって　　　　　　　　2　レオナルド・ダ・ヴィンチ
　　3　かかれた　　　　　　　　4　絵

5　この 写真を ____ ____ ★ ____ おぼえて いますか。
　　1　のは　　　2　いつ　　　3　とった　　　4　だったか

6　今度の ____ ____ ★ ____ と思います。
　　1　かつ　　　2　試合で　　　3　大変だ　　　4　のは

もんだい2 〈読解〉

つぎの文章を読んで、質問に答えてください。答えは、1・2・3・4から、いちばんいいものを一つえらんでください。

> みなさん、走るのが好きですか。マラソン大会に出たことがありますか。
> 東京では冬になると毎年東京マラソンが開かれます。約3万5000人のランナーが東京の町を走ります。そこにはたくさん応援する人がいて、とてもにぎやかです。

東京マラソンは夏に参加の申し込みが始まります。このマラソンに1人10万円以上のお金を払って参加する人もいます。チャリティーランナーと呼ばれています。チャリティーランナーが出したお金は山に木を植えたり、病気の子どもたちを助けたりするのに使われます。
　　自分も楽しいし、社会のためにいいこともできますから、チャリティーランナーはとてもいいと思います。

1　東京マラソン大会の申し込みはいつからですか。

　　1 春　　**2** 夏　　**3** 秋　　**4** 冬

2　チャリティーランナーは何をしますか。

　　1　ランナーからお金を集めます。
　　2　お金を払って、ランナーを助けます。
　　3　お金を払って、マラソンに参加します。
　　4　山に木を植えます。

もんだい3 〈聴解〉

まず しつもんを 聞いて ください。それから 話を 聞いて、もんだいようしの 1から4の 中から、いちばん いい ものを 一つ えらんで ください。

1　1　しゃしんを 見ている　　2　バスに のっている
　　3　山に のぼっている　　　4　ごはんを 食べている

2　1　いちども 見たことが ない
　　2　いっかい 見たことが ある
　　3　大学の とき、見た
　　4　なんかいも 見たことが ある

5 ハイキングの計画（1）
Hiking plans (1)

できること

- 聞いてきた情報を話題にして話すことができる。
  Talk about information you have heard.
- 旅行の誘いや提案に対して、心配な気持ちを表すことができる。
  Express feelings of worry / concern about a suggestion or invitation to go on a trip.
- 条件などを説明して、相手の心配をやわらげることができる。
  Explain conditions and the like to ease the other person's worries / concerns.

高橋：高尾山、紅葉が始まった**らしい**ですね。

キム：ああ、高尾山ですか。テレビで、とてもきれいだ**と言っていまし**たね。

高橋：ええ、去年、佐々木部長に連れていっ**てもらいました**が、本当にきれいでしたよ。ね、今度の土曜日、行きませんか。

キム：そうですね。でも、山登りは疲れ**そう**ですね。

高橋：ケーブルカーを使え**ば**、大丈夫ですよ。

キム：ずっと前、山に行ったとき、道がわからなくなっ**てしまった**ことがあるんです。高橋さん、コースはわかりますか。

高橋：このガイドブックに書い**てあります**から、たぶん大丈夫**でしょ**う。

34 始まったらしいです

どう使う？

「～らしい」は、見たり聞いたりした情報を元に～だろうと思ったことを言うときに使う。

Use "～らしい" when you say what you think is probably the case based on information you have seen or heard.

PI ＋ らしい
[なAだ　Nだ]

① A：部長、この歌、若い人に人気があるらしいですよ。
　　B：ああ、最近、よく聞くね。
② A：あのケーキ屋、有名らしいね。
　　B：そうね。この間、テレビで見たよ。
③ A：鈴木さんに聞いたんですが、山登り、大変だったらしいですね。
　　B：ええ。天気が悪くて、本当に大変でした。
④ A：あの2人は付き合っているらしいよ。この間、手をつないで歩いていたよ。
　　B：え？本当？ぜんぜん知らなかった。

やってみよう！

▶答え 別冊P.4

例）きのう聞いたんですが、週末から東京も ＿＿すずしくなる＿＿ らしいですよ。

1) A：高橋さんの新しい車、すごく ＿＿＿＿＿＿ らしいですよ。
　　B：へえ、そうですか。
2) A：山田さん、最近 ＿＿＿＿＿＿ らしいですね。
　　B：ええ、今日もまだ仕事をしていますよ。
3) 石田さん、大学に ＿＿＿＿＿＿ らしいですよ。
4) A：今朝、駅の前で事故が ＿＿＿＿＿＿ らしいですね。
　　B：ええ。私、見ましたよ。

　　合格します　忙しいです　~~すずしくなります~~　あります　いいです

5　ハイキングの計画(1)

35 きれいだと言っていました

どう使う？

「〜と言っていた」は、人から聞いた内容をほかの人に伝えるときに使う。
Use "〜と言っていた" when you tell a person about something you heard from a different person.

Pl + と言っていた

＊ **Po** の場合もある。

① A：さっき、鈴木さんから電話があって、今日は休むと言っていました。
　 B：そうですか。
② 天気よほうでは今日はあたたかくなると言っていたのに、寒いですね。
③ イーさんはきのう、国へ帰りました。先生によろしくと言っていました。

やってみよう！
▶答え　別冊P. 5

1) 出張する／アメリカへ／部長は／と言っていました。
　 ＿＿＿＿＿＿＿＿＿＿＿＿＿＿＿＿＿＿＿＿と言っていました。
2) 駅前の／佐藤さんは／おいしい／レストランは／と言っていました。
　 ＿＿＿＿＿＿＿＿＿＿＿＿＿＿＿＿＿＿＿＿と言っていました。
3) 午後は／朝の／いい天気／テレビで／になる／と言っていました。
　 ＿＿＿＿＿＿＿＿＿＿＿＿＿＿＿＿＿＿＿＿と言っていました。

36 連れていってもらいました

どう使う？

「〜てもらう」は、ほかの人が自分の頼んだことをしたのを、感謝の気持ちを込めて言うときに使う。
Use "〜てもらう" when you say that another person did something for you, for which you feel grateful.

V-て + もらう

① 私は友だちに新幹線のチケットのよやくのし方を教えてもらいました。

②かぜをひいたとき、友だちにご飯を作ってもらった。
③林さんに手伝ってもらったので、仕事が早く終わりました。
④食堂のメニューをふやしてもらいたいと思います。

やってみよう！

▶答え 別冊P.5

1 1) 貸して／日に／かさを／雨の／もらいました

　　＿＿＿＿＿＿＿＿＿＿＿＿＿＿＿＿＿＿もらいました。

　2) 日本の／教えて／着物の／着方を／もらいたいです。

　　＿＿＿＿＿＿＿＿＿＿＿＿＿＿＿＿＿＿もらいたいです。

　3) 内田さんに／歌って／歌を／すてきな／もらいましょう

　　内田さんに＿＿＿＿＿＿＿＿＿＿＿＿＿＿＿もらいましょう。

　4) いつも母に／おいしい／作って／料理を／もらいます

　　いつも母に＿＿＿＿＿＿＿＿＿＿＿＿＿＿＿もらいます。

2 1) 友だちが病気になったら、何をして（もらい・あげ）ますか。
　2) 手にけがをしたとき、友だちにかばんを持って（もらい・あげ）ました。
　3) 日本人の友だちが私の国へ来たら、私が案内して（もらい・あげ）ます。
　4) 乗る電車がわからなかったので、駅員に教えて（もらい・あげ）ました。

ほかの人に依頼するときは「～てもらえる」と可能形を使う。
Use "～てもらえる", the potential form, when you make a request to a person.

①A：この荷物、ちょっと片付けてもらえますか。
　B：あ、すみません。すぐ片付けます。
②A：すみませんが、ちょっと手伝ってもらえませんか。
　B：ええ、いいですよ。
③A：ごめん、これ、貸してもらえる？
　B：うん、いいよ。

➕ Plus

～をもらう

物を受ける行為を言うときは「もらう」を使う。助詞は「に」でも「から」でもいい。
Use "もらう" when you talk about receiving something. You can use either of the particles "に" or "から".

① たんじょう日に友だちにプレゼントをもらいました。
② 父からパソコンを買うお金をもらった。

やってみよう！　　　　　　　　　　　　　　▶答え 別冊P.5

1) A：大木さん、そのゲーム、（もらった・あげた）んですか。
   B：ええ、たんじょう日に…。前からほしかったゲームなんです。

2) A：これ、（もらう・あげる）よ。
   B：ありがとう。おいしそうなおかしね。

3) A：すてきなかばんですね。
   B：ありがとうございます。母に（もらった・あげた）んです。

4) A：お母さんのたんじょう日、何を（もらった・あげた）んですか。
   B：ケーキです。母はあまいものが好きなので…。

37　疲れそうです

どう使う？

「～そうだ」は、将来のことについて、自分が～だろうと考えたり予想したりしたことを言うときに使う。
Use "～そうだ" when you say what you think or predict will probably happen in the future.

V-ます ＋ そうだ

① 留学生はこれからふえそうです。
② 今日は天気が悪いから、道がこみそうだ。
③ これから私たちの生活はもっと便利になりそうです。

やってみよう！

▶答え 別冊P.5

例) あのレストランは店がきれいになって、お客が ___ふえ___ そうですね。
1) 近くに駅ができたので、この町は _____ そうですね。
2) パソコンの修理に時間が _____ そうです。
3) 今度の試合はブラジルが _____ そうだ。
4) 仕事がたくさんあるので、今日は帰りが _____ そうです。

```
かかります   遅くなります   かちます
ふえます   にぎやかになります
```

☞ 2. おいしそうですね
　 51. おちそうだった
　 81. いんたいされるそうです

34〜45

38 ケーブルカーを使えば

どう使う？

「〜ば、…」は、「もし〜の場合は…」と言うときに使う。希望を実現するために必要な条件を言うときに使うことが多い。
Use "〜ば、…" when you say "If〜, then..." It is often used to talk about necessary conditions in order to fulfill a desire.

動詞

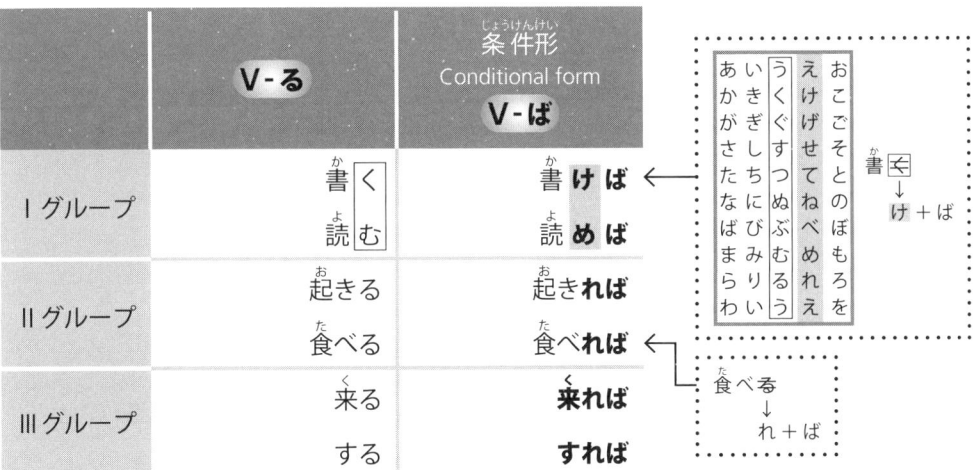

5 ハイキングの計画(1)

形容詞・名詞

い形容詞	おいしい いい	おいし**ければ** ＊**よければ**
な形容詞	元気だ	元気**なら**
名詞	雨だ	雨**なら**

否定形　Negative form

〜ない → 〜なければ

動詞	見ない	見**なければ**
い形容詞	高くない	高く**なければ**
な形容詞	きれいじゃない	きれいじゃ**なければ**
名詞	雨じゃない	雨じゃ**なければ**

①この薬を飲めば病気はなおります。でも、飲まなければなおりませんよ。
②このサービス券を持っていけば、100円安くなります。
③大阪へ行くきかいがあれば、大阪城を見に行きたいです。
④部屋がきれいで、交通が便利なら、大学のりょうに住みたいです。

やってみよう！

▶答え　別冊P. 5

例）　　練習すれば　　、上手になります。
1）辞書を＿＿＿＿＿＿＿＿＿＿、日本語の新聞が読めます。
2）＿＿＿＿＿＿＿＿＿＿、手伝いますよ。
3）今すぐ家を＿＿＿＿＿＿＿＿＿＿、次の電車に間に合います。
4）明日天気が＿＿＿＿＿＿＿＿＿＿、泳ぎに行きます。
5）＿＿＿＿＿＿＿＿＿＿、入場料をはらわなくてもいいです。
6）質問の意味が＿＿＿＿＿＿＿＿＿＿、答えられませんから、質問をよく読

んでください。

> 3歳以下です　わかりません　使います　出ます
> 練習します　いいです　忙しいです

☞11. 時間があったら

39　道がわからなくなってしまった

どう使う？

「～てしまう」は、話し手が「失敗した・残念だ・困った」と思った気持ちを言うときに使う。
"～てしまう" is used when the speaker talks about something that is a mistake or is unfortunate or troublesome.

V-て ＋ しまう

① 電車の中にかさを忘れてしまいました。
② A：どうしたんですか。元気がありませんね。
　　B：友だちとけんかをしてしまったんです。
③ あーあ、バスが行ってしまった。

やってみよう！

▶答え　別冊P.5

例）新しいデジカメなのに、もう ___こわれて___ しまいました。
1) 田中さんに借りた本を _____ しまいました。
2) 友だちと会うやくそくをしましたが、時間に _____ しまいました。
3) 地図を持っていきましたが、道に _____ しまいました。
4) クラスの先生の名前を _____ しまいました。

> こわれます　遅れます　なくします　まよいます　忘れます

☞10. 全部食べてしまった

40 ガイドブックに書いてあります

どう使う？

「〜てある」は、物がどんな状態でそこにあるか詳しく説明するときに使う。
Use "〜てある" when you explain in detail what condition something is in at its location.

V-て ＋ ある

① A：いんかん、どこにある？
　 B：引き出しにしまってあるよ。
② 駅前のラーメン屋のかべには、有名人のサインがたくさんはってある。
③ ここに置いてあるパンフレット、もらってもいいですか。
④ A：この店、何という名前ですか。
　 B：ここに、店の名前が書いてありますよ。「ささのゆき」です。

やってみよう！

▶答え　別冊P.5

例）今日の午後、パーティーをするので、じゅんびをしました。
　　いろいろな料理が（　作って　）あります。

1）テーブルの上に花が（　　　　　　　）あります。
2）かべに紙が（　　　　　　　）あります。
3）お皿とコーヒーカップが（　　　　　　　）あります。
4）冷蔵庫にケーキが（　　　　　　　）あります。

41 大丈夫でしょう

どう使う？

「～でしょう」は、はっきりわからないが～だと思うと言うときに使う。
Use "～でしょう" when you say what you think but are not entirely sure.

PI ＋ でしょう
[なA だ　N だ]

①明日はよくはれて、あたたかいでしょう。
②あのホテルは遠いですから、歩いて20分では行けないでしょう。
③鈴木さんは頭がよくて、まじめだから、明日の試験もいい点を取るでしょう。

やってみよう！

▶答え 別冊 P.5

例）今晩、雪が ___降る___ でしょう。

1）A：アンケートの結果は明日までにわかりますか。

　　B：まだ、データがたくさんのこっていますから、_____ でしょう。

　　　 2、3日待ってください。

2）A：お客さん、遅いですね。

　　B：さっき、駅から電話がありましたから、もうすぐ _____

　　　 でしょう。

3）あのホテルのレストランはいつもお客がたくさんいますから、

　　きっと _____ でしょう。

4）A：明日試験がありますか。

　　B：今日、試験がありましたから、明日は _____ でしょう。

| ありません　来ます　むりです　降ります　おいしいです |

☞ 33. おいしそうでしょう？

5 ハイキングの計画（2）
Hiking plans (2)

できること

● 旅行の計画を話題にして、必要な準備や希望などについて話せる。
Talk about travel plans: what you have to prepare, want to do, and so forth.

キム：高尾山へはどうやって行くんですか。
高橋：新宿から電車です。いろいろ調べ**ておきます**ね。
キム：ありがとうございます。
高橋：土曜日、いい天気だ**といいです**ね。
キム：ええ。ほかにも行きたい人がいる**かもしれません**。みんなをさそってみましょう。
高橋：そうですね。みんながいっしょだと、もっと楽しいですね。
キム：じゃ、私がメールします。「土曜日に高橋さんと高尾山へ行く**ことになりました**。みなさん、いっしょに行きませんか」と書けばいいですか。
高橋：ええ、いいと思います。

34 〜 45

---

42 調べておきます

どう使う？

「〜ておく」は、ある目的のために、前もって準備すると言うときに使う。後片付けをするのも、次回の準備なので、同じように使う。
Use "〜ておく" when you say that you will prepare something in advance in order to

achieve a purpose. You can also use this to talk about cleaning up afterward, since this is also a form of preparation for the next time.

V-て + おく

①旅行に行く前に、ホテルをよやくしておきます。
②パーティーの前に、料理を作っておきます。
③山に登る前に、天気よほうを聞いておいたほうがいいですよ。
④パーティーが終わったら、テーブルの上をきれいにしておいてください。

やってみよう！

▶答え 別冊 P. 5

例）友だちが来る前に、部屋を ___そうじして___ おきます。
1）旅行の前に、ガイドブックを _____ おきます。
2）ひっこす前に、電気や水道の会社にちゃんと _____ おいてくださいね。
3）留学する前に、その国の言葉や習慣を _____ おいたほうがいいですよ。
4）試験の前に、学校で習ったことをよく _____ おいてください。

そうじします　れんらくします　復習します　勉強します　読みます

☞ 50. そのままにしておいた

43　いい天気だといいですね

どう使う？

「〜といい」は、そうなってほしいという希望を言うときに使う。聞き手の希望や話し手・聞き手2人の希望を言うときは「〜ね」と言い、話し手だけの希望は「〜なあ」と言うことが多い。

Use "〜といい" when you say that you wish something would happen. People often say "〜ね" when the wish is the listener's or both the speaker's and the listener's, or "〜なあ" when the wish is only the speaker's.

PI + といい

［現在形だけ　Present form only］

①A:明日は運動会だね。

　B:そうだね。雨が降らないといいね。

②A:今日は大学のパーティーがあるんです。

　B:そうですか。日本人とたくさん話せるといいですね。

③A:来週のテスト、かんたんだといいなあ。

　B:そんなこと言わないで、勉強したほうがいいよ。

やってみよう！

▶答え 別冊P.5

例) お母さんの病気、早く　__よくなる__　といいですね。

1) A:今、仕事をさがしているんです。

　B:そうですか。早く _____ といいですね。

2) A:明日ハイキングに行くんです。

　B:そうですか。天気が _____ といいですね。

3) 今年も大学からしょうがく金が _____ といいね。

4) A:今度の試合、_____ といいなあ。

　B:がんばってね。

~~よくなります~~　いいです　かてます　見つかります　もらえます

＋Plus

～たらいい／～ばいい

「～といい」と同じ意味で、「～たらいい」「～ばいい」の形も使われる。
Other forms of "～といい" used with the same meaning are "～たらいい" and "～ばいい".

①A:人間が空を飛べたらいいなあ。

　B:そうだね。

②A:早く今の仕事が終わればいいね。

　B:うん。ちょっと大変な仕事だからね。

44 行きたい人がいるかもしれません

どう使う？

「〜かもしれない」は、可能性があるときに使う。確率は高いときも低いときもある。
Use "〜かもしれない" when something is possible. It is used for both high and low probability.

PI ＋ かもしれない
[なAだ　Nだ]

① 今晩、雨が降るかもしれませんね。
② 来週は忙しいから、パーティーに行けないかもしれません。
③ あの2人はにているから、兄弟かもしれません。

やってみよう！

▶答え 別冊P.6

例) 来週バス旅行に行きます。気分が ___悪くなる___ かもしれないから、薬を持っていきます。

1) 今日のテストはかんたんだったから、_____ かもしれません。

2) A：あ！ さいふがない！
   B：どこかに _____ かもしれないよ。よくさがしてみて！

3) A：今日、佐藤さん、いないんですか。
   B：ええ。_____ かもしれませんね。

4) A：部長、まだ来ませんね。
   B：ええ、会議の時間を _____ かもしれないので、電話してみます。

忘れています　100点です　病気です　あります　悪くなります

45 行くことになりました

どう使う？

「〜ことになる」は、ほかの人が決めたことや相談して決めたことを話すときに使う。
Use "〜ことになる" when you talk about a decision by another person, or something decided in consultation with another person.

V-る
V-ない] ＋ ことになる

① 来月ニューヨークへてんきんすることになりました。
② 私の会社はベトナムに新しい工場を作ることになった。

やってみよう！

▶答え 別冊P.6

例) 今年の会社の旅行は箱根へ ___行く___ ことになりました。
1) 青木さんは来月オーストラリアに _____ ことになりました。
2) この公園の中に図書館を _____ ことになった。
3) この大学は、今年から英語で試験が _____ ことになりました。
4) 部長が病気で休みなので、今日は会議を _____ ことになりました。

| 留学します　行きます　受けられます　しません　作ります |

☞ 21. あげることにします

5　ハイキングの計画(2)

まとめの問題 Review questions

▶答え 別冊P.13

もんだい1 〈文の組み立て〉

___★___ に 入る ものは どれですか。1・2・3・4から いちばん いい ものを 一つ えらんで ください。

1　今日は ____ ____ ★ ____ かもしれません。

　　1　富士山が　　2　見えない　　3　ので　　4　くもっている

2　道が こんで いるので、空港まで ____ ____ ★ ____ です。

　　1　2時間　　2　そう　　3　かかり　　4　くらい

3　天気が ____ ____ ★ ____ します。

　　1　ちゅうし　　2　明日の　　3　ハイキングは　　4　悪ければ

4　明日、大切な お客さんが 来ますから、____ ____ ★ ____ ください。

　　1　して　　2　そうじ　　3　おいて　　4　じむしょを

5　旅行のとき、____ ____ ★ ____ しまいました。

　　1　なくして　　2　もらった　　3　父に　　4　カメラを

もんだい2 〈文章の文法〉

 1 ～ 4 に 何を 入れますか。1・2・3・4から いちばん いい ものを 一つ えらんで ください。

> 今日、高橋さんに 山のぼりに さそわれた。山に のぼるのは　1　そうだから、ほんとうは 行きたくなかった。でも、ケーブルカーを 使って　2　、だいじょうぶだと 聞いて、　3　ことに した。高橋さんは 毎日 ジョギングして いる らしい。山のぼりに 行く 前に、私も 少し　4　ほうが いいかなあ。

1　　1　たいへん　　2　おもしろ　　3　楽　　4　かんたん

2　　1　のぼる　　2　のぼって　　3　のぼれば　　4　のぼった

| 3 | **1** 行かない | **2** 行く | **3** 行ける | **4** 行った |

| 4 | **1** 運動して いた | | **2** 運動しない ことに した |
| | **3** 運動して おいた | | **4** 運動しそうだった |

もんだい3 〈聴解〉

1　まず しつもんを 聞いて ください。それから 話を 聞いて、もんだいようしの
　1から4の 中から、いちばん いい ものを 一つ えらんで ください。

　　　1　レストランの よやくを した
　　　2　鈴木さんの うちへ 行った
　　　3　レストランへ 行った
　　　4　12時に 駅へ 行った

🎧25

2　このもんだいでは えなどが ありません。まず、ぶんを 聞いて ください。
　それから、そのへんじを 聞いて、1から3の 中から、いちばん いい ものを 一つ
　えらんで ください。

1	**1**　**2**　**3**	🎧26
2	**1**　**2**　**3**	🎧27
3	**1**　**2**　**3**	🎧28

6 木の上の子ねこ（1）
A cat in the tree (1)

できること

- 友だちに対して、事情説明を求めることができる。
  Ask a friend to explain a situation.
- 友だちに対して、自分が困ったことについて事情を説明できる。
  Explain a difficult situation you had to a friend.

🎧 29

佐藤：あれ、手、どうした**の**？ 赤くなっている**よう**だけど…。
　　　病院へ行ったほうがいい**んじゃない**？
鈴木：うん。さっき、子ねこにか**まれたんだ**。
佐藤：え？ かまれた!?
鈴木：うん…。

46 どうしたの？

どう使う？

事情を聞いたり説明したりするとき友だちとの会話では「～んです」のかわりに「～の」「～んだ」を使う。「～の」は女性が使うことが多い。

Use "～の" and "～んだ" in place of "～んです" in conversation with friends when you ask about or explain situations. Women often use "～の".

PI ＋ の／んだ

[なA だな　N だな]

① A：今日どうして来なかったの？
　 B：うん、ちょっと頭が痛かったんだ。
② A：これ、おいしくなかった？
　 B：そうじゃなくて、今、おなかすいてないの。
③ A：佐藤さんは大学生なんだよ。
　 B：え？　そうなんだ。

47 赤くなっているようだ

どう使う？

「～ようだ」は、そのときの自分の感覚、見えたり聞こえたりしたこと、触った感じ、味やにおいなどから考えたことを言うときに使う。

Use "～ようだ" when you talk about what you think based on, for example, what you sense at the time, what you see or hear, what something feels like to the touch, a taste, or smell.

PI ＋ ようだ

[なA だな　N だの]

① A：教室の電気がついていますよ。
　 B：だれかいるようですね。
② A：外は雨が降っているようですね。
　 B：そうですね。かなりひどい雨のようですよ。
③ この薬を飲んで、体の調子が少しよくなったようです。
④ A：この肉、ちょっと古いようだけど、食べても大丈夫かな。

B：ちゃんとやけば食べられると思うよ。

やってみよう！

▶答え 別冊P. 6

例) A：佐藤さんがいないんですが…。

B：かばんがありませんね。もううちへ　__帰った__　ようですよ。

1) ねつがあって、頭が痛いんです。どうもかぜを　_____　ようです。

2) A：たくやくんの声がしますね。

B：ええ。外で元気に　_____　ようです。

3) A：山田さんは野菜をぜんぜん食べていませんでしたね。

B：野菜が　_____　ようですね。

4) A：田中さん、田中さーん。部屋にいないのかな？

B：ええ。_____　ようですね。

るすです　~~帰ります~~　あそびます　ひきます　きらいです

☞ 3．作ったんですか

48　行ったほうがいいんじゃない？

どう使う？

「〜んじゃない？」は、「私は〜だと思いますが、あなたもそう思うでしょう」という気持ちを込めて、相手の意見を聞くときに使う。否定の意味はない。
Use "〜んじゃない？" to ask for another person's opinion by adding a nuance that says, "This is what I think. You think so too, don't you?" Although the conjugation looks negative, it does not make the sentence negative.

PI ＋ んじゃない？

[なA だな　N だな]

①A：山川さん、まだ来ないね…。

B：うん。今日は来ないんじゃない？

②A：あのレストランで食事しませんか。

B：でも、電気がついていないから、休みなんじゃないですか。

③あまりお酒を飲まないほうがいいんじゃないですか。

やってみよう！

▶答え 別冊P.6

例) A：これも100円かな？
　　B：うん。この店はどれも ＿＿100円な＿＿ んじゃない？

1) A：このネクタイどうかな。
　　B：うーん。ちょっと ＿＿＿＿＿＿＿＿ んじゃない？

2) A：あれ。ノートがない。
　　B：持ってくるのを ＿＿＿＿＿＿＿＿ んじゃないですか？

3) A：そろそろお客さまにデザートを出そうか。
　　B：まだちょっと ＿＿＿＿＿＿＿＿ んじゃない？

4) A：早く出かけたほうが ＿＿＿＿＿＿＿＿ んじゃない？
　　B：10時までに着けばいいんだから、まだ大丈夫だよ。

~~100円です~~　忘れます　いいです　はでです　早いです

49　子ねこにかまれたんだ

どう使う？

ほかの人の行為や出来事によって、被害を受けたり、いやな気持ちになったと感じるとき、受身形を使う。
Use the passive form when someone is hurt or feels badly due to an incident or the actions of another person.

> ［人］に［物］を［受身形］の形を使う。
> Use the pattern: "person に thing を passive form".
> ~~私の服は弟によごされた。~~　⇒　○私は弟に服をよごされた。

①私は犬に手をかまれました。
②兄はどろぼうにさいふをとられました。
③私は子どものとき、母にまんがの本を捨てられました。

6　木の上の子ねこ(1)　●89

④会社から帰ってくる途中、雨に降られました。
⑤会議の前に急ぎの仕事を頼まれて、会議にちこくしてしまった。

やってみよう!

▶答え 別冊P.6

例)

1)

2)

3)

4)

例) 私は犬にくつを　　持っていかれ　　ました。
1) 私はとなりの人に足を　　＿＿＿＿＿＿　　ました。
2) 私はつまにメールを　　＿＿＿＿＿＿　　ました。
3) 子どもにパソコンを　　＿＿＿＿＿＿　、困りました。
4) きのうの晩、子どもに　　＿＿＿＿＿＿　、寝られませんでした。

　　泣きます　見ます　こわします　ふみます　持っていきます

 「〜られる」と「〜てもらう」

行為を受けたことが迷惑なときは受身を使い、感謝をしているときは、「〜てもらう」を使う。

Use the passive form when an action that affects you causes an inconvenience, and use "〜てもらう" when you are grateful for the action.

私は兄に、メールを見られました。
私は兄に、スピーチの作文を直してもらいました。

やってみよう！

▶答え 別冊P.6

1) たんじょう日に鈴木さんにピアノを（ひいてもらいました・ひかれました）。とてもすてきな曲でした。
2) ルームメイトに大きい音でテレビを（見てもらって・見られて）、うるさくて勉強できなかった。
3) 山田さんに北海道へ（連れていってもらいました・連れていかれました）。北海道は広くてきれいなところでした。また行きたいです。
4) 荷物が重くて大変だったので、友だちに少し（持たれました・持ってもらいました）。
5) だれかにかさを（持っていかれて・持っていってもらって）、困りました。

☞ 14. けっこん式にしょうたい**された**
　29. かめがかざ**られて**います

6 木の上の子ねこ（2）
A cat in the tree (2)

できること
- 友だちに事情を説明したり感想を言ったりできる。
  Explain situations to a friend and state your impressions.
- けがなどをした友だちを気遣い、アドバイスができる。
  Express concern and offer advice to a friend who, for example, has sustained an injury.

🎧 30

鈴木：子ねこが木の上でニャーニャーないていたんだ。

佐藤：その子ねこ、木に登って、降りられなかったのね。

鈴木：うん。そのまま*に**しておいたら**、おち**そうだったんだけど**、下から手をのばし**ても**とどかなかったから、ぼくも木に登って…。

佐藤：それで子ねこがびっくりして、かんだのね。

鈴木：まあ、子ねこがけがをし**なくて**、よかったけど。

佐藤：やさしいのはいいけど、鈴木くん、やさし**すぎる**よ。そのけが、悪くならない**ように**、病院へ行ったほうがいいよ。

鈴木：ちょっとかまれただけだ**し**、もうそんなに痛くない**し**、大丈夫だよ。

*そのまま：今の状態を変えないこと。ここではねこが木の上にいる状態。
To not change the current situation, which in this case is the cat being in the tree.

50 そのままにしておいた

どう使う？

「～ておく」は、今のままの状態を変えないで続けるときに使う。
Use "～ておく" when a person leaves the current situation as is.

V-て ＋ おく

① A：この資料、片付けてもいいですか。
　 B：まだ使いますから、そのままにしておいてください。
② A：会議室のエアコン、消しましょうか。
　 B：1時から会議ですから、つけておいてください。
③ ドアを少し開けておけば、子ねこがいつでも部屋に入れます。

やってみよう！

▶答え 別冊P.6

1) A：テーブルの上の飲み物、どうしますか。
　 B：あとで片付けますから、（出しておいて・しまっておいて）ください。
2) A：よごれたお皿はどうしますか。
　 B：私が洗いますから、（洗っておいて・置いておいて）
　　 ください。
3) A：まど、閉めましょうか。
　 B：そうじしたあとで閉めますから、
　　 （閉めておいて・開けておいて）ください。

☞ 42. 調べておきます

51 おちそうだった

どう使う？

「～そうだ」は、動作や変化が起こる直前、もうすぐ起きると言うときに使う。
Use "～そうだ" when you say that something will happen soon, right before an action or change.

V-ます ＋ そうだ

① 空が暗くなってきた。雨が降りそうです。

②あの子は今にも泣きそうです。
③強い風がふいています。木がたおれそうです。

やってみよう！

▶答え 別冊P.6

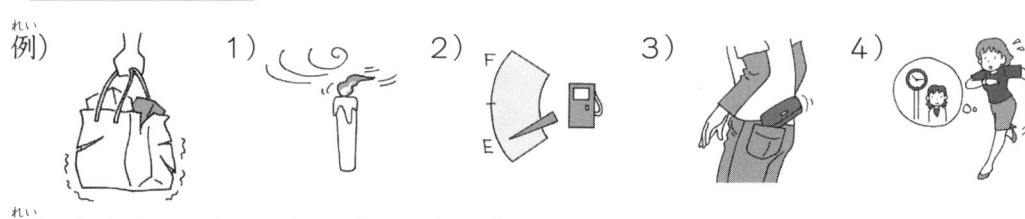

例) ふくろが（　やぶれ　）そうです。

1) 風で火が（　　　　　）そうです。

2) ガソリンが（　　　　　）そうです。

3) ズボンのポケットからさいふが（　　　　　）そうです。

4) やくそくの時間に（　　　　　）そうです。

☞ 2. おいしそうですね
37. 疲れそうです
81. いんたいされるそうです

52 手をのばしても

どう使う？

「〜ても、…」は、普通に考えることと反対のことを言うときに使う。「どんなに・たとえ・いくら」などといっしょに使うと、強調の意味になる。
Use "〜ても、…" when you say something opposite of what one would normally think. You can add emphasis by combining it with words such as "どんなに・たとえ・いくら".

動詞	聞く 読む 食べる する	聞いても 読んでも 食べても しても	聞かなくても 読まなくても 食べなくても しなくても
い形容詞	高い いい	高くても ＊よくても	高くなくても ＊よくなくても
な形容詞	ひま	ひまでも	ひまでなくても ひまじゃなくても

名詞	雨	雨でも	雨でなくても 雨じゃなくても

① A：雨でも海へ行きますか。
　 B：はい、雨が降っても行きます。
② 高くても、いいパソコンがほしい。
③ 今度のパーティーは申し込まなくても、参加できます。

やってみよう！

▶答え 別冊P.6

例) A：2月になったら、雪が降りますか。
　　B：いいえ。（　2月になっても　）、東京ではあまりたくさん降りません。

1) A：急いで行って、次の電車に乗りましょう。
　　B：今から（　　　　　）、間に合いませんよ。
2) A：私はまだ日本語があまり上手じゃないんですが、大丈夫ですか。
　　B：ええ。日本語が（　　　　　）、大丈夫ですよ。
3) A：英語ができなかったら、この仕事はできませんか。
　　B：大丈夫です。（　　　　　）、この仕事はできますよ。
4) A：車だったら、駅まで10分で行けますか。
　　B：いいえ。遠いので、（　　　　　）10分では行けません。
5) A：こちらの部屋はいかがですか。ちょっと古いですが広いですよ。
　　B：いいですね。（　　　　　）、広いほうがいいです。

「疑問詞 ＋ 〜ても／でも」は、「いつも・どんな場合でも・全部」という意味で使われる。
"Question word ＋ 〜ても／でも" is used to mean "anytime," "anywhere" or "all."
① いつ行っても、彼はるすです。
② この文は難しくて、何回読んでも、わかりません。
③ 彼はどんなスポーツでもできます。
④ 生活や勉強がどんなに大変でも、私は留学したい。

やってみよう！　▶答え 別冊P.6

例） 木村さんはどこに行ったのだろう。 __だれ__ に聞いても知らないと言う。

1） 自転車のかぎをなくしてしまって、_____ をさがしても見つからない。

2） おなかがすいているときは、_____ を食べてもおいしいと思う。

3） 山中さんは _____ 会っても元気にあいさつしてくれる。

| だれ　どこ　何　いつ |

「〜のに」と「〜ても」

「〜のに」は事実について驚き、後悔や不満の意味を持っているが、「〜ても」はその事実だけを言うときに使う。

The meaning of "〜のに" can be surprise over a fact, as well as regret or dissatisfaction, but use "〜ても" when you just want to state the fact without adding an emotional nuance.

① 雨なのに、ゴルフをしたんですか。
② 雨でも、サッカーの試合はありますよ。　☞ 15. けっこん式は6月なのに

53　けがをしなくて、よかった

どう使う？

「〜て、…」は、「〜」が理由で「…」の状態になったと言うときに使う。「…」には、感情や不可能を表す言葉がくることが多い。

Use "〜て、…" with "〜" as the reason and "..." as the resulting situation. Words to express emotion or inability are often used for "..."

動詞	する	して	しなくて
い形容詞	高い	高くて	高くなくて
な形容詞	ひま	ひまで	ひまじゃなくて
名詞	雨	雨で	雨じゃなくて

①けっこん式でひさしぶりに友だちに会えて、楽しかったです。
②遅れて、すみません。なかなか仕事が終わらなくて…。
③最近暑くて、よく寝られません。
④この説明書はふくざつで、よくわかりません。
⑤A：先生、すみません。きのうは用事があって学校を休みました。
　B：そうですか。病気じゃなくてよかったけど、ちゃんとれんらくしてくださいね。

やってみよう！

▶答え 別冊P.6

例）たくさん　<u>歩いて</u>、足が痛くなりました。
1) 電車が ＿＿＿＿＿、困っています。
2) 今日は ＿＿＿＿＿、学校が休みになりました。
3) お金が ＿＿＿＿＿、何も買えません。
4) 日本へ来て、町が ＿＿＿＿＿、おどろきました。
5) この料理は ＿＿＿＿＿、食べられません。

| からいです　歩きます　止まります　あります　台風です　きれいです |

46
〜
56

1 後ろの文には「〜てください」「〜しろ」「〜ませんか」など依頼・命令・許可・誘いなど、話す人の意志を表す言葉は使えない。
You cannot use words that express the speaker's intent in the form of requests, orders, permissions or invitations such as "〜てください", "〜しろ" or "〜ませんか" in the second half of the sentence.
　寒くて、まどを閉めて~~ください~~。

2 「〜なくて」は原因・理由を表す。「〜ないで」はその状態のまま次のことをするときに使う。
"〜なくて" expresses a cause or reason. Use "〜ないで" when that situation will continue during the following action.
①宿題をしないで、寝た。
②宿題をしなくて、先生にしかられた。　☞ 9. かわをむか**ないで**

54 やさしすぎる

どう使う？

「～すぎる」は、ちょうどいい程度ではなく、それを超えているから困ると言うときに使う。
Use "～すぎる" when you say that something is not right, but is rather in excess and causing a problem.

```
V-ます
いA い̶
なA   ＋ すぎる
        *いい → よすぎる
```

① おいしかったので、食べすぎてしまいました。
② かばんに荷物を入れすぎたので、重くて、持てません。
③ このパズルはふくざつすぎて、できません。
④ ベッドが大きすぎて、部屋に入りませんでした。

やってみよう！

▶答え 別冊P.7

例）先月はお金を　<u>使い</u>　すぎたから、今月は使わないようにします。
1）食べ物を　＿＿＿＿＿　すぎて、冷蔵庫の中に全部入りません。
2）きのうお酒を　＿＿＿＿＿　すぎて、今日は頭が痛いです。
3）このおかしは　＿＿＿＿＿　すぎて、あまりおいしくない。
4）この問題は　＿＿＿＿＿　すぎて、おもしろくないです。
5）テレビの音が　＿＿＿＿＿　すぎるから、もっと小さくしてください。

> 使います　あまいです　大きいです　買います　かんたんです　飲みます

📎 「～すぎ」という形で名詞にもなる。
You can also make a noun with the "～すぎ" form.
① 食べすぎ飲みすぎは、体によくありません。
② 日本人は働きすぎだと言われています。

55 悪くならないように

どう使う？

「～ように、…」は、困らないでいい状況（～）になることを目標に…すると言うときに使う。
Use "～ように、…" when you say that "…" will be done to achieve "～" (a good, non-problematic situation).

V-る
V-ない ＋ ように
V-できる

① やくそくの時間に遅れないように、早く家を出ました。
② 子どもが食べられるように、小さく切ります。
③ 留学生にもわかるように、かんたんな言葉で説明してください。
④ きれいな花が咲くように、毎日水をやります。

やってみよう！

▶答え 別冊P.7

例） 電話番号を ___忘れない___ ように、ノートに書いておきます。
1) みんなに _____ ように、大きい声で話してください。
2) 寒いですから、かぜを _____ ように、気をつけてください。
3) 6時の電車に _____ ように、早く起きました。
4) 体が丈夫に _____ ように、毎日運動しています。
5) 日本の歌が上手に _____ ように、毎日練習しています。

| 間に合います　聞こえます　歌います　なります　ひきます　忘れます |

56 ちょっとかまれただけだし、もう痛くないし

どう使う？

「～し、…し」は、1つのものに2つ以上の説明を加えるときに使う。原因・理由を言うことも多い。1つだけ言って、後ろは言わないこともある。
Use "～し、…し" when you add two or more explanations about one thing. It is often

used to state a cause or reason. The explanations following the first one may be unspoken yet implied.

PI ＋ し

①あのレストラン、料理はおいしいし、安いし、おすすめですよ。
②A：映画、見に行かない？
　B：ごめん。今日はむり。ゼミの発表のじゅんびもあるし、レポートも書かなければいけないし…。
③今の部屋はせまいし、駅から遠いし、ひっこしたいと思っているんです。
④A：どうして山田先生が好きなんですか。
　B：ねっしんだし、おもしろいし、それに親切ですから。

やってみよう！　　　▶答え 別冊P. 7

例）コーヒーも ＿＿おいしい＿＿ し、店員さんも ＿＿親切だ＿＿ し、よくこの店に来ます。

1) A：ここはいいところですね。
　B：そうですね。きれいなけしきも ＿＿＿＿＿＿ し、
　　おんせんも ＿＿＿＿＿＿ し、とてもいいホテルですね。

2) A：こちらのかばんはいかがですか。
　B：そうですね。＿＿＿＿＿＿ し、サイズもちょうど ＿＿＿＿＿＿ し…。
　　じゃ、これにします。

```
おいしいです　軽いです　親切です　あります　いいです　見られます
```

3) A：高橋さんはどんな人ですか。
　B：いい人ですよ。英語も ＿＿＿＿＿＿ し、＿＿＿＿＿＿ し、それにやさしいですよ。

4) 今日は ＿＿＿＿＿＿ し、天気も ＿＿＿＿＿＿ し、どこかへあそびに行きたいですね。

```
できます　日曜日です　いいです　まじめです
```

まとめの問題 Review questions

▶答え 別冊P.14

もんだい1 〈文の組み立て〉

___★___ に 入る ものは どれですか。1・2・3・4から いちばん いい ものを 一つ えらんで ください。

[1] A：この 電車、すずしいですね。
　　B：ええ。___ ___ ★ ___ ね。
　　1 ようです　　2 エアコンが　　3 いる　　4 ついて

[2] A：かぜ、なおった？明日の試合、だいじょうぶ？
　　B：うん。たとえ ___ ___ ★ ___ しんぱいしないで。
　　1 下がらなくても　2 試合には　3 出るから　4 ねつが

[3] きのう カラオケで ___ ___ ★ ___ です。
　　1 のどが　　2 すぎて　　3 歌い　　4 いたい

[4] 箱根へ ___ ___ ★ ___ しました。
　　1 富士山が　2 行ったのに　3 がっかり　4 見えなくて

[5] ホームから ___ ___ ★ ___ つけることにしました。
　　1 ホームドアを　2 ように　3 おちない　4 人が

[6] 台風が 来るから、今日は ___ ___ ★ ___ ですか。
　　1 いい　　2 んじゃない　　3 ほうが　　4 出かけない

もんだい2 〈文章の文法〉

[1] ～ [4] に 何を 入れますか。1・2・3・4から いちばん いい ものを 一つ えらんで ください。

今日、鈴木くんに 会ったとき、手が 赤く [1] おどろいた。木から おりられ なくなった 子ねこを たすけに 行って 子ねこに [2] らしい。鈴木くんは、子ねこが けがを しなくて よかったと 言っていたけど、鈴木くんは [3] か

6 木の上の子ねこ ●101

ら、とても しんぱいだ。むりを しない 　4　 言ったけど…。

1　1　なって いたら　　　　　　　2　なって いても
　　3　なって いると　　　　　　　4　なって いて

2　1　かんだ　　2　かんで　　3　かまれた　　4　かませた

3　1　やさし すぎる　　　　　　　2　やさし すぎて
　　3　やさし そうだ　　　　　　　4　やさしい そうだ

4　1　ように　　2　のに　　3　ので　　4　から

もんだい3 〈聴解〉

1　まず しつもんを 聞いて ください。それから 話を 聞いて、もんだいようしの 1から 4の 中から、いちばん いい ものを 一つ えらんで ください。

1　1　道を まちがえられた こと
　　2　お金が 足りなく なった こと
　　3　カードで はらった こと
　　4　その国の ことばが 話せなかった こと

2　1　女の 人に かえす　　　2　女の 人に かす
　　3　ほかの 友だちに かす　4　ほかの 人に かりる

2　このもんだいでは えなどが ありません。まず、ぶんを 聞いて ください。それから、そのへんじを 聞いて、1から 3の 中から、いちばん いい ものを 一つ えらんで ください。

1　1　2　3

2　1　2　3

3　1　2　3

7 大好きなピアノ（1）
I love the piano (1)

できること
● 趣味や習い事を話題にして、注意されたことや上達したことについて話すことができる。
Discuss accomplishments and received advice in discussions about hobbies and studies.

山田：鈴木さん、しゅみはピアノですか。いいですね。何歳から始めたんですか。

鈴木：3歳からです。でも、はじめはあまり好きじゃなかったんです。

山田：へえ。

鈴木：父はピアニストなので、父に「あそびに行く**な**。練習**しろ**！」って毎日言われて、大変だったんです。

山田：お父さんはとてもきびしかったんですね。

鈴木：でも、父がねっしんに教え**てくれた**ので、難しい曲がひける**ようになった**んです。

山田：それでピアノが好きになったんですね。

57 あそびに行くな

どう使う？

「～な」は、「してはいけない！」と強く言うときに使う。スポーツの応援、公共の注意書き、標識などの意味の説明、男友だち同士、親が子どもに、また犬や猫に注意をするときなどによく使われる。ほかの人の言葉を伝えるときにも使う。
Use "〜な" when you want to forcefully say, "Don't do that!" It is often used, for example: to cheer on athletes; on written warnings in public; to explain the meaning of a sign and the like; between male friends; by a parent to a child; and to warn a dog or cat. You can also use it when you repeat what another person has said.

 V-る ＋ な

① 混ぜるな。危険。

② 負けるな～！

③ A：ぼくが花びんわったこと、ぜったいだれにも言うなよ。
　 B：わかったよ。言わないよ。

④ 「使用禁止」は使うなという意味です。

⑤ このマークはまっすぐ行くなという意味です。　⑤

⑥ 先生は授業のときは辞書を見るなと言います。

⑦ 美術館で写真を撮るなと言われました。

強い禁止の表現なので、目上の人や親しくない人に使うと失礼になる。
This is a strong warning to prohibit an activity, so it is rude to say to a higher ranking or unfamiliar person.

やってみよう！

▶答え 別冊P.7

例) 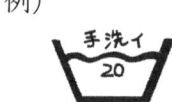　1) 　2) 　3) 　4)

例) このマークは　洗濯機で（　洗うな　）という意味です。

1) このマークは、ここで野球を（　　　　　　　）という意味です。

2) このマークはここに車を（　　　　　　）という意味です。

3) このマークはたばこを（　　　　　　）という意味です。

4) このマークは写真を（　　　　　　）という意味です。

58　練習しろ

どう使う？

「〜しろ」などの命令形は、「絶対にしてください！」と強く命令するときに使う。スポーツの応援、標識などの意味の説明、男友だち同士、親が子どもに、また犬や猫に注意をするとき、ほかの人が言ったことを伝えるときなどによく使われる。

Use "〜しろ" to give a strong order that the listener must carry out. It is often used, for example: to cheer on athletes; to explain the meaning of a sign and the like; between male friends; by a parent to a child; to warn a dog or cat; and to repeat what another person has said.

	V-る	命令形 Imperative form V-しろ
Iグループ	急いで行く 走る	急いで行け 走れ
IIグループ	寝る 食べる 起きる	寝ろ 食べろ 起きろ
IIIグループ	する 来る	しろ 来い

行く → 行け

あ い う え お
か き く け こ
が ぎ ぐ げ ご
さ し す せ そ
た ち つ て と
な に ぬ ね の
ば び ぶ べ ぼ
ま み む め も
ら り る れ ろ
わ

食べる → 食べろ

① 赤の信号は止まれという意味です。

② がんばれ！ 打て！

③ 父はいつも私に、勉強しろと言う。

①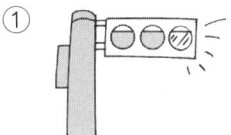
②

強い命令の表現なので、目上の人や親しくない人に使うと失礼になる。
This expression is a strong order, so it is rude to say to a higher ranking or unfamiliar person.

やってみよう！

▶答え 別冊P.7

例）この道は危ないから、__注意しろ__　よ！

1) もっとゆっくり ＿＿＿＿＿＿＿！
2) 早くこっちへ ＿＿＿＿＿＿＿！
3) 父はいつも私に部屋を ＿＿＿＿＿＿＿ と言います。
4) このマークは、右へ ＿＿＿＿＿＿＿ という意味です。　④

| 来ます　曲がります　歩きます　片付けます　注意します |

➕ Plus

〜なさい

「 V-ます ＋ なさい」という言葉は、親が子どもに、先生が学生に対して命令をするときなどに使う。命令形よりは強くない言い方。試験の問題の指示に使われることも多い。

Words formed by " V-ます ＋ なさい" are used, for example, by a parent to a child, or by a teacher to a student, to give an order. This way of speaking is not as strong as the imperative form. It is also often used in instructions for a test.

①もう8時ですよ。早く起きなさい。
②ご飯はのこさないで、全部食べなさい。
③問題を読んで、答えなさい。

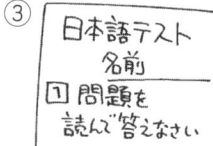

59　って毎日言われて

どう使う？

友だちとの会話では、「〜と言う」「〜と思う」などの「〜と」のかわりに「〜って」を使う。
In conversation with friends, use "〜って" in place of "〜と" when you want to say things like "〜と言う" and "〜と思う".

PI ＋ って

①A：今日、佐藤さんは休みですか。
　B：ええ、さっき、電話でかぜをひいたって言っていました。

② A：入院していたって聞きましたけど、もう大丈夫なんですか。
　 B：ええ。ありがとうございます。おかげさまで。
③ あそこに「車に注意！」って書いてありますよ。
④ いっしょに旅行に行こうって友だちとやくそくしたのに、仕事で行けなくなってしまいました。

> 友だちとの会話では「～と言っていた」の「言っていた」を言わないで、「～って」だけで人から聞いた内容を表すこともある。
> In conversation with friends, instead of saying the "言っていた" in "～と言っていた", you can just say "～って" to say what you heard from another person.
> ① A：小林さん、今日来られるって言っていた？
> 　 B：ちょっと遅れてもよければ、大丈夫だって。
> ② A：天気よほう、見た？
> 　 B：うん。午後から雪が降るって。

やってみよう！
▶答え 別冊P.7

例） 大川さん、この小説を書くのに1年かかったんだ（って・×）。
　　 本当かな（って・×）？
1） ぼく、明日鈴木さんとプールへ行くんだ（って・×）。楽しみだなあ。
2） 今日の最高気温は36度だ（って・×）テレビで言ってたよ。
3） 佐藤さんに聞いたんだけど、こうやって作ると、おいしいんだ（って・×）。
4） A：お父さん、夕方5時の飛行機だ（って・×）言っていたよ。
　　 B：じゃ、もうすぐ帰ってくるね。

60 教えてくれた

どう使う？

「～てくれる」は、ほかの人が自分のためにした行為を感謝して話すときに使う。「私に」は言わないことが多い。
Use "～てくれる" when you express gratitude for an action by another person that was to your benefit. "私に" is often omitted.

V-て + くれる

①子どものとき、祖母はよく私に本を読んでくれました。
②友だちがコンサートにさそってくれたので、いっしょに行きました。
③兄はいつもサッカーを教えてくれます。

やってみよう！　　　　　　　　　　　　　　　　　▶答え 別冊P.7

1）手伝って（もらって・あげて・くれて）、ありがとう。おかげで早く終わったよ。
2）道がわからなくて困っていたとき、知らない人が親切に案内して
　　（もらった・あげた・くれた）んです。それが今の彼女です。
3）A：ちょっとこの仕事を手伝って（もらい・あげ・くれ）たいんですが…。
　　B：いいですよ。

＋Plus

～をくれる・～をくださる

1「くれる」は、何か物をプレゼントされたときに使う。
　　Use "くれる" when you are given something as a present.

①姉はいつも私におかしをくれます。
②たんじょう日に彼がネックレスをくれた。
③A：いいカメラだね。どこで買ったの？
　　B：たんじょう日に父がくれたんだ。

☞ 18. どんなものを**あげる**んですか

2「くれる」の尊敬表現は「くださる」。ます形は「くださいます」になる。
　　The honorific form of "くれる" is "くださる". The "ます" form is "くださいます".

①先生はいい大学をしょうかいしてくださいました。
②佐々木さんはよく私たちにケーキを買ってきてくださいます。
③部長はけっこんのおいわいにきれいな絵をくださいました。
④山田さんはメールの返事をくださいませんでした。

📎 うれしい気持ちを表したいときは、「〜てくれる」を使い、「困った、大変だ」という気持ちを表すときは受身を使う。
Use "〜てくれる" when you want to express a happy emotion, and use the passive form when you say that something was troublesome or difficult.

① けがをしたとき、友だちが料理を持ってきてくれました。
② 朝、まだ寝ているとき、友だちに来られました。

☞ 36. 連れていってもらいました
　 49. 子ねこにかまれたんだ

61　ひけるようになった

どう使う？

「〜ようになる」は、「できない」から「できる」への変化を言うときに使う。
Use "〜ようになる" when you say that something not doable before becomes doable.

V-できる ＋ ようになる

＊「わかる・できる・見える・聞こえる」なども使う。

① 日本に来たときは、なっとうが食べられませんでしたが、今は食べられるようになりました。
② A：いつ日本語で電話がかけられるようになりますか。
　 B：すぐできるようになりますよ。
③ 毎日日本のテレビを見たら、日本人の話がわかるようになりますか。

やってみよう！

▶答え 別冊P.7

例) 20歳になったので、お酒が ＿＿飲める＿＿ ようになりました。
1) 今年の夏、やっと100メートル ＿＿＿＿＿＿＿ ようになりました。
2) 自動車学校で1か月練習して、車が ＿＿＿＿＿＿＿ ようになりました。
3) 病気がなおって、ご飯が ＿＿＿＿＿＿＿ ようになった。
4) 早く日本語の新聞が ＿＿＿＿＿＿＿ ようになりたいです。

| 読みます | 運転します | 飲みます | 泳ぎます | 食べます |

☞ 85. プレーするようになりました

7 大好きなピアノ（2）
I love the piano (2)

できること
- 趣味や習い事について、自分が考えている今後の希望や計画が言える。

Talk about your future hopes or plans about your hobbies or studies.

🎧 37

鈴木：最近はピアノの楽しさも少しわかるようになりました。今度父の
　　　好きなショパンの曲を練習しようと思っています。
山田：すごいですね。
鈴木：もうすぐ父のたんじょう日なので、父のためにひくつもりです。
山田：いいですね。きっとお父さん、よろこびますね。
　　　私も将来、自分の子どもに習わせたいなあ。

62　ピアノの楽しさ

どう使う？

「〜さ」は、形容詞を名詞にするときに使う。「広さ・速さ・長さ・重さ・高さ」など、面積・速度などを言うときによく使う。

Use "〜さ" to turn an adjective into a noun. Words such as 広さ (width), 速さ (speed), 長さ (length), 重さ (weight) and 高さ (height) are often used when talking about things like size or speed.

```
いA  ‐い
なA      ＋ さ
```

① あの山は高さが2000メートルあります。
② 自分で働けば、お金の大切さがわかりますよ。

やってみよう！

▶答え 別冊 P. 7

例）佐藤：鈴木さんの部屋の　＿広さ＿　はどれくらいですか。

鈴木：そうですね。30平方メートルくらいです。
1）鈴木：佐藤さんの部屋は、駅から近いですが、せまいですね。
　　佐藤：私は部屋の広さよりも＿＿＿＿＿＿のほうが大切だと思うんです。
2）今年の冬は＿＿＿＿＿＿がきびしいそうです。
3）ちょっとこの荷物の＿＿＿＿＿＿をはかってください。
4）留学したとき、クラスの友だちの＿＿＿＿＿＿がとてもうれしかった。

広い　重い　やさしい　寒い　便利
---

63 練習しよう

どう使う？

「〜よう」は、「〜ましょう」の普通形。相手を誘うとき、相手のために何かを申し出るとき、自分の意志を言うときに使う。
"〜よう" is the plain form of "〜ましょう". Use it when you invite the listener, make a suggestion to the listener, or state your own intent.

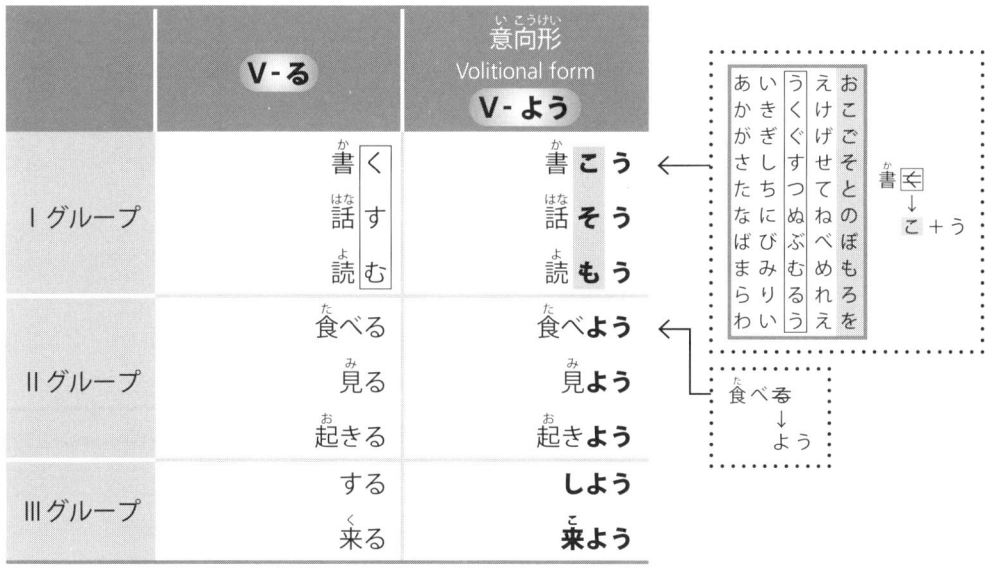

① A：夏休みに旅行に行こうよ。
　 B：うん、どこがいい？
② A：この映画、おもしろそうだね。
　 B：うん、土曜日に見に行こうか。
③ A：このおかし、あげようか。

B：うん。ありがとう。

やってみよう！
▶答え 別冊P.7

例）疲れましたから、ちょっと <u>休みましょう</u> 。
　→疲れたから、ちょっと（ 休もう ）。

1）今日はカレーを<u>作りましょう</u>。
　→今日はカレーを（　　　　　　）。

2）昼ご飯を<u>食べに行きましょう</u>よ。
　→昼ご飯を（　　　　　　）よ。

3）忙しそうですね。<u>手伝いましょう</u>か。
　→忙しそうだね。（　　　　　　）か。

4）雨が降りそうですよ。早く<u>帰りましょう</u>。
　→雨が降りそうだよ。早く（　　　　　　）。

64　しようと思っています

どう使う？

「～ようと思っている」は、「何かをすると決心してからずっとそう考えている」という自分の意志をほかの人に伝えるときに使う。
Use "～ようと思っている" when you tell another person about your intent of something you have been thinking of doing ever since you decided to do it.

V-よう ＋ と思っている

① A：夏休みはどうするんですか。
　 B：私は国へ帰ろうと思っています。
　 C：私は沖縄へ旅行に行こうと思っています。
② 私は日曜日に友だちとテニスをしようと思っています。
③ 今年はぜったい富士山に登ろうと思っています。

やってみよう！
▶答え 別冊P.8

例）夏休みにアルバイトを <u>しよう</u> と思っています。

1) けっこん式に先生を ＿＿＿＿＿＿＿＿ と思っています。
2) 今度の週末は海へ行って ＿＿＿＿＿＿＿＿ と思っています。
3) 私は今度チョコレートケーキを ＿＿＿＿＿＿＿＿ と思っています。
4) 今晩、サッカーの試合を見に ＿＿＿＿＿＿＿＿ と思っている。

> しょうたいします　行きます　作ります　泳ぎます　~~します~~

65　父のために

どう使う？

「〜ために、…」は、「…」をする目的（〜）をはっきり言うときに使う。
Use "〜ために、…" to clearly state the objective (〜) of doing "…"

N の
V-る ＋ ために

① 家族のために、一生けんめい働きます。
② けいざいについて勉強するために、日本へ来ました。
③ 新しい車を買うために、ちょきんをしています。

やってみよう！

▶答え　別冊P.8

例) 首相は国際会議に ＿出席する＿ ために来週京都へ行きます。
1) 自動車工場を ＿＿＿＿＿＿ ために名古屋へ来ました。
2) この船は日本から中国へ留学生を ＿＿＿＿＿＿＿＿ ために使われました。
3) ＿＿＿＿＿＿ ために、がんばって勉強しています。
4) これは漢字を勉強している ＿＿＿＿＿＿ ための辞書です。

> 見学します　将来　送ります　出席します　外国人

「ために」と「ように」

「ために」と「ように」はどちらも目的を表しますが、自分の意志で行動するときは「ために」を使い、状況がよくなるように願うときには「ように」を使う。

Both "ために" and "ように" express an objective, but use "ために" for an action that is of your own will and use "ように" when you hope that a situation will improve.

① 医者は病気をなおすためにがんばっている。
② 友だちの病気が早くなおるように神社でお願いした。

☞ 55. 悪くならないように

66 ひくつもりです

どう使う？

「〜つもりだ」は、自分の強い意志を言うときに使う。
Use "〜つもりだ" to state your strong will.

V-る
V-ない] + つもりだ

① 私は来年日本に留学するつもりです。
② 今年は日本語能力試験のN4を受けるつもりです。
③ A：今夜のパーティー、どうする？
   B：私は行かないつもり。

やってみよう！

▶答え 別冊P.8

例）今年のボーナスは、旅行のために ＿＿ちょきんする＿＿ つもりです。

1) たばこのねだんが上がったら、たばこを ＿＿＿＿＿＿ つもりです。
2) 私は高校を卒業したら、すぐ働こうと思っています。
   大学には ＿＿＿＿＿＿ つもりです。
3) 専門学校でコンピューターの勉強を ＿＿＿＿＿＿ つもりです。
4) 私は会社をやめて、新しい会社を ＿＿＿＿＿＿ つもりです。

作ります　行きます　します　やめます　~~ちょきんします~~

67　子どもに習わせたい

どう使う？

「[人A]は[人B]に ＋ **V-させる**」の形で、AがBに指示・強制をして、Bが行動したことを言うときに使う。目上の人には使わない。

Use "[person A]は[person B]に ＋ **V-させる**" form when you say that A instructed or forced B to do something that B then did. Do not put a higher ranking person in place of [person B].

	V-る	使役形 Causative form V-させる
Ⅰグループ	書く 話す 読む	書かせる 話させる 読ませる
Ⅱグループ	食べる 見る 考える	食べさせる 見させる 考えさせる
Ⅲグループ	する 来る	させる 来させる

書く → か ＋ せる

あ か が さ ざ た だ な ば ま ら わ
い き ぎ し じ ち ぢ に び み り
う く ぐ す ず つ づ ぬ ぶ む る
え け げ せ ぜ て で ね べ め れ
お こ ご そ ぞ と ど の ぼ も ろ を

食べる → させる

＊「言う」は、「言わせる」になる。

使役文の助詞 Causative sentence particles：
[人] に [物] を **V-させる**
[人] を **V-させる**

①母は私にたくさん野菜を食べさせました。
②先生は佐藤さんにテキストを読ませました。
③社長は会議が終わるまで山田さんを待たせました。
④先生は病気の鈴木さんをうちへ帰らせました。
⑤社長は田中さんにキムさんをむかえに行かせました。

やってみよう！

▶答え 別冊P.8

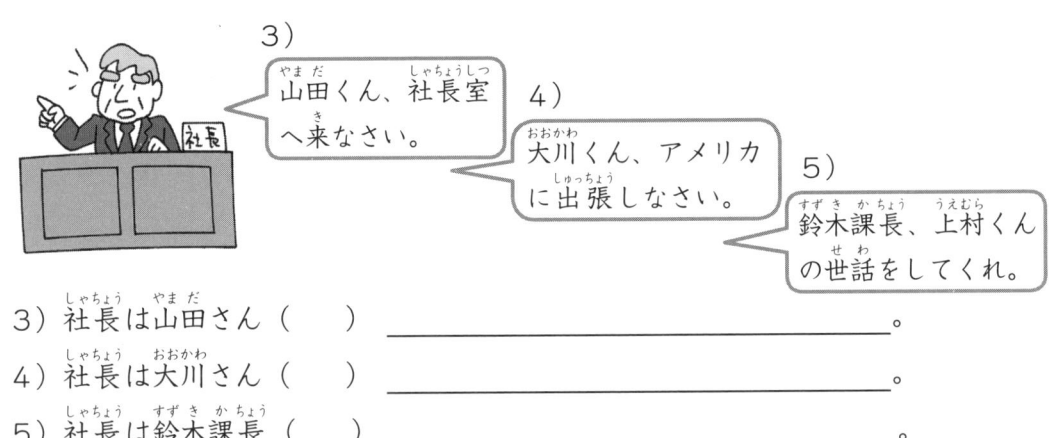

例) 先生は学生に ＿＿作文を書かせました＿＿ 。
1) 先生は試験の間、＿＿＿＿＿＿＿＿＿＿＿＿＿＿＿＿＿＿＿＿。
2) 先生は学生に ＿＿＿＿＿＿＿＿＿＿＿＿＿＿＿＿＿＿＿＿。

3) 社長は山田さん（　　）＿＿＿＿＿＿＿＿＿＿＿＿＿＿＿＿＿＿＿＿。
4) 社長は大川さん（　　）＿＿＿＿＿＿＿＿＿＿＿＿＿＿＿＿＿＿＿＿。
5) 社長は鈴木課長（　　）＿＿＿＿＿＿＿＿＿＿＿＿＿＿＿＿＿＿＿＿。

目上の人に何かをお願いした場合は、使役形は使わないで、「〜てもらう・〜ていただく」を使う。
Use "〜てもらう・〜ていただく" when you ask a higher ranking person to do something. Do not use the causative form.

✕ 私は先生に作文を直させました。
○ 私は先生に作文を直していただきました。

 使役形には、許可を表す使い方もある。
You can also use the causative form to grant permission.
①父は子どもたちに好きな仕事をさせました。
②社長は社員に自由に意見を言わせました。

まとめの問題 Review questions

▶答え 別冊P.15

もんだい1 〈文の組み立て〉

___★___ に 入る ものは どれですか。1・2・3・4から いちばん いい ものを 一つ えらんで ください。

1 試験に ごうかくする ___ ___ ★ ___ です。
　　1 うけてみる　2 わかりませんが　3 かどうか　4 つもり

2 けんこうの ___ ___ ★ ___ と 思います。
　　1 ほうがいい　2 野菜を　3 たくさん食べた　4 ために

3 夏休みは 山に ___ ___ ★ ___ と 思っています。
　　1 海で　2 のぼったり　3 しよう　4 およいだり

4 来年、せんもん学校に ___ ___ ★ ___ と 思っています。
　　1 デザインの　2 入って　3 しよう　4 勉強を

5 きいろの しんごうは、すぐ ___ ___ ★ ___ という 意味です。
　　1 なる　2 ちゅういしろ　3 赤に　4 から

もんだい2 〈文章の文法〉

 1 ～ 4 に 何を 入れますか。1・2・3・4から いちばん いい ものを 一つ えらんで ください。

　わたしは 子どもの とき、父に 毎日 ピアノを 1 と 言われて、たいへんだった。でも 今は むずかしい きょくも ひけて、ピアノの 楽しさも わかる 2 。わたしは 今、父の たんじょう日に ひく ために ショパンの きょくを 練習している。

　山田さんは 子どもに ピアノを 3 と 言っていた。わたしも 自分の 子どもに ピアノを 3 。たんじょう日に 子どもが わたしの 4 ピアノを ひいて くれたら、とても うれしいと 思う。

| 1 | 1 練習する | 2 練習しろ | 3 練習した | 4 練習される |

| 2 | 1 ように なる | | 2 ように なった |
| | 3 ように した | | 4 ように する |

| 3 | 1 習おう | 2 習いたい | 3 習われたい | 4 習わせたい |

| 4 | 1 ために | 2 ほうが | 3 なのに | 4 より |

もんだい3 〈読解〉

つぎの文章を読んで、質問に答えてください。答えは、1・2・3・4から、いちばんいいものを一つえらんでください。

　私の家族を紹介します。私が作ったお手伝いロボットの「花子」です。花子は私が話すのを聞いて、言葉を覚えます。
　花子は毎朝「おはよう、たろう。」と言います。そして私のためにおいしい朝ご飯を作ってくれます。でもそのあとで、私に「会社に遅刻するぞ。早く歯を磨け！顔を洗え！」と言います。そんな失礼な言い方をしてはいけません。私は花子を、日本語学校に通わせようと思っています。勉強したら、言葉の使い方がわかるようになると思います。

| 1 | 花子さんができないことは何ですか。

1 朝のあいさつをすること　　2 ご飯を作ること
3 ていねいな言葉で話すこと　　4 言葉を覚えること

| 2 | 花子さんは「顔を洗え」という言葉をどうやって覚えましたか。

1 たろうさんの言葉を聞いて覚えました。
2 たろうさんといっしょに勉強して覚えました。
3 たろうさんに話し方を教えてもらって覚えました。
4 日本語学校で勉強して覚えました。

| 3 | たろうさんはこれから花子さんに何をさせたいと思っていますか。

1 たろうさんの言葉を覚えさせたいと思っています。
2 日本語学校で勉強させたいと思っています。
3 日本語学校で働かせたいと思っています。
4 日本語のソフトを作らせたいと思っています。

もんだい4 〈聴解〉

1　まず しつもんを 聞いて ください。それから 話を 聞いて、もんだいようしの 1から4の 中から、いちばん いい ものを 一つ えらんで ください。

1　じてんしゃで 学校へ 来たから
2　入口の 前に じてんしゃを とめたから
3　学校の よこに じてんしゃを とめたから
4　じてんしゃおきばに じてんしゃを とめたから

2　このもんだいでは えなどが ありません。まず、ぶんを 聞いて ください。それから、そのへんじを 聞いて、1から3の 中から、いちばん いい ものを 一つ えらんで ください。

1	**1**　**2**　**3**
2	**1**　**2**　**3**
3	**1**　**2**　**3**

8 旅館のよやく（1）
Booking a room at a traditional inn (1)

できること
● 電話で、係の人に自分の希望を伝えたり、質問したりして、予約することができる。
Express your desires, ask questions and make a reservation over the phone with a clerk.

🎧 42

旅館の人：はい。山下旅館でございます。
スミス：部屋のよやくをお願いしたいんですが…。
旅館の人：ありがとうございます。いつでしょうか。
スミス：来月の14日の土曜日ですが…。
旅館の人：14日の土曜日ですね。何名さまですか。
スミス：2人です。
旅館の人：和室と洋室とどちらがよろしいでしょうか。
スミス：和室のほうがいいんですが、部屋は広いですか。
旅館の人：ええと、はい。洋室より和室のほうが少し広いですよ。
スミス：じゃあ、和室にします。
旅館の人：はい。和室ですね。お名前をお願いします。
スミス：ジョン・スミスです。
旅館の人：ジョン・スミスさまですね。

68 山下旅館でございます

どう使う？

「〜でございます」は、「〜です」のていねいな言い方。客に話すときや、スピーチなど大勢の人に対して話すときなどに使う。
"〜でございます" is a polite way to say "〜です". It is used, for example, to talk to a customer or to give a speech to a large group of people.

N ＋ でございます

①いらっしゃいませ。今日のランチメニューはこちらでございます。
②こちらのシャツは今いちばん売れているデザインでございます。
③A：すみません。パソコンソフトは何階ですか。
　B：7階でございます。

＋Plus

ございます

「ございます」は「あります」のていねいな言い方になる。
"ございます" is a polite way to say "あります".

①女性のトイレは1階と3階にございます。
②申し訳ございません。

69　お願いしたいんですが

どう使う？

「〜んですが」は、希望や事情など、相手に話したいことを話す前置きとして使う。「〜んですが…。」と、話したいことを言わないで相手に気づいてもらう言い方をすることも多い。
Use "〜んですが" as a preface to a desire, situation, or other topic you want to talk about with someone. "〜んですが…。" is often said to get a person's attention without saying what it is you want to talk about.

Pl ＋ んですが
[**なA** だな　**N** だな]

①A：すみません。東京駅へ行きたいんですが…。
　B：じゃ、この電車で大丈夫ですよ。
②A：あのう、説明会を聞きに来たんですが…。
　B：あ、留学説明会ですね。2階の会議室へどうぞ。
③駅の近くでさいふをおとしたんですが、とどいていますか。

やってみよう！

▶答え 別冊P.8

1) A：この本、コピーしたいんですが…。
   B：(　　　)
2) A：旅行の申込書を忘れてしまったんですが…。
   B：(　　　)
3) A：すみません。この席、私の席なんですが…。
   B：え？(　　　)
4) A：すみません。200円入れたのにおつりが出ないんですが…。
   B：(　　　)

---

a　もう一度ボタンを押してみてください。
b　コピー機はあちらにございます。
c　すみません。まちがえました。
d　じゃ、明日持ってきてください。

70　いつでしょうか

どう使う？

「～でしょうか」は、「～ですか」のていねいな言い方。
"～でしょうか" is a polite way to say "～ですか".

いA
なA　＋　でしょうか
N

①失礼ですが、どちらさまでしょうか。
②試験の申し込みをしたいんですが、まだ大丈夫でしょうか。
③この料理、からいでしょうか。

やってみよう！

▶答え 別冊P. 8

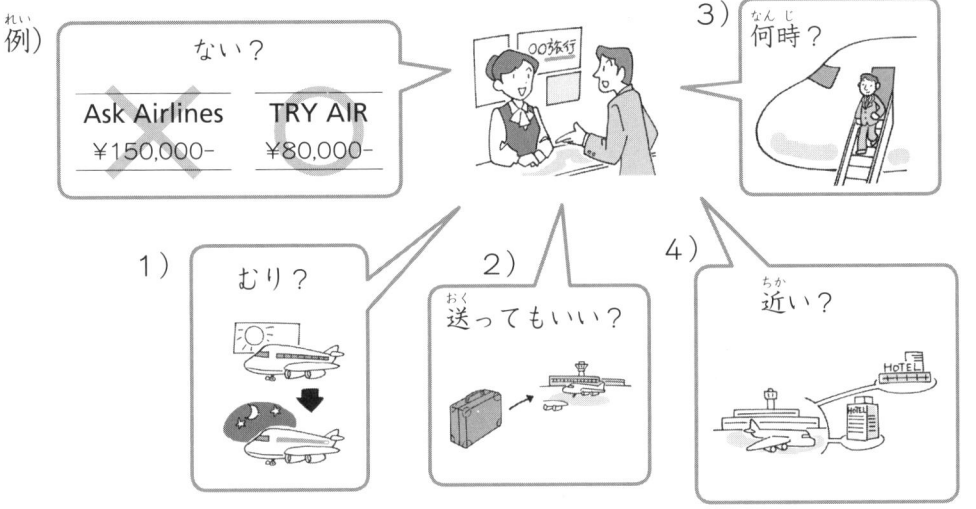

例) もっと安いチケットは （ ないでしょうか ）。

1) 今から飛行機の時間を変えるのは （　　　　　　　　）。
2) 先に荷物を空港に （　　　　　　　　）。
3) 向こうに着くのは （　　　　　　　　）。
4) ホテルは空港から （　　　　　　　　）。

71　和室と洋室とどちらがよろしいでしょうか

どう使う？

「AとBと、どちらが～か」は、2つを比べてどちらを選ぶか質問するときに使う。
Use "AとBと、どちらが～か" when you ask for an answer between two options.

N₁ ＋ と ＋ N₂ ＋ と、どちらが～か

①コーヒーとお茶と、どちらがいいですか。
②スポーツを見るのとするのと、どちらが好きですか。

やってみよう！

▶答え 別冊P. 8

1) と／と／が／か／です／Bスーパー／Aスーパー／安い／どちら

　　　　　　　　　　　　　　　　　　　　　　　　　　　　　　　　。

2) どちら／午前／忙しい／です／午後／が／か／と／と

_____。

3) 難しい／スキー／どちら／です／スノーボード／と／と／が／か

_____。

4) です／肉料理／魚料理／どちら／と／と／が／か／おいしい

_____。

72　和室のほうがいい

どう使う？

「～のほうが…」は、2つを比べてどちらか選ぶときに使う。
Use "～のほうが…" when you compare two options and choose one.

N ＋ のほうが

＊形容詞・動詞を使うこともある。You can also use an adjective or a verb for "…"

① A：明日のハイキング、スカートとズボンと、どっちがいい？
　 B：ズボンのほうがいいと思うよ。

② あ、これキムさんの妹さん？　妹さんのほうが背が高いんですね。

③ かばんは軽いほうがいいよ。

④ カメラは高くてもきれいな写真が撮れるほうがいいと思います。

やってみよう！

▶答えの例　別冊P.8

例) A：海と山と、どちらが好きですか。
　　B：私は　__山のほうが好きです__　。／　__どちらも好きです__　。

1) A：お茶とジュースと、どちらが好きですか。
　　B：私は _____。

2) A：ご飯とパンと、どちらがいいですか。
　　B：私は _____。

3) A：日本語と英語と、どちらが上手に話せますか。
　　B：私は _____。

4) A：パーティーの料理は、すしとてんぷらと、どちらがいいと思いますか。
　　B：私は _____。

73　洋室より和室のほうが少し広いです

どう使う？

「AよりBのほうが〜」は、Aと比べたらBが〜であると言うときに使う。
Use " AよりBのほうが〜 " when you say that B is more "〜" than A.

N₁ ＋ より ＋ N₂ ＋ のほうが

＊形容詞・動詞を使うこともある。You can also use an adjective or a verb for "…"

① 私より兄のほうが日本語が上手です。
② A：今度鹿児島へ行くんですが…。
　　B：じゃ、新幹線より飛行機のほうがいいですよ。
③ 仕事はひまより少し忙しいほうがいいと思います。

やってみよう！

▶答え　別冊P. 8

例）A：この黒いかばん、軽くていいですね。
　　B：でも、黒いかばんより白いかばん（　のほうが軽い　）ですよ。
1) ペタル：寒いですね。
　　田　中：ええ。でも日本より、ロシア（　　　　　　　　　）でしょう？
2) 村　田：パットさん、このカレー、からいでしょう。

パット：ええ。でも、日本のカレーより、タイのカレー
　　　　（　　　　　　　　　）ですよ。

3) A：あ、見て。ここのコート安い！
　　B：ここより、ユニクロ（　　　　　　　　）よ。見に行こう。

4) A：タクシーが来ましたよ。乗りましょう。
　　B：あ、待ってください。電車（　　　　　　　　）よ。この時間は道がこんでいますから。

74 和室にします

どう使う？

「〜にする」は、話し手が自分で選んで決めたことを言うときに使う。
The speaker can use "〜にする" when he or she talks about a decision to do something that he or she has made.

N ＋ にする

① A：来週京都に行くとき、バスで行きますか。それとも新幹線にしますか。
　 B：新幹線にします。
② A：飲み物は何にしますか。
　 B：ビール、お願いします。

やってみよう！

▶答え 別冊P.9

例）田中さんにあげるプレゼント、（ 何 ）にしますか。

1) A：けっこん式、（　　　　　）にする？
　　B：そうねえ。6月がいいんじゃない？

2) A：今日の昼ご飯、カレーにする？ それともラーメンにする？
　　B：きのうカレーだったから、今日は（　　　　　）にしましょう。

3) A：どこに座る？ お店の中？ 外？
　　B：景色がいいから（　　　　　）にしよう。

4) A：バスで帰る？ タクシーにする？
　　B：荷物が多いから、（　　　　　）にしよう。

8 旅館のよやく（2）
Booking a room at a traditional inn (2)

できること
- 電話で、係の人の説明を理解して対応することができる。
  Understand a clerk's explanation over the phone and respond to it.

スミス：あのう、電車で行くんですが、場所はすぐわかりますか。

旅館の人：道はわかり**やすい**と思うんですが、はじめての方にはわかり**にくい**かもしれません。よかったら、駅まで車でおむかえに行きましょうか。

スミス：じゃあ、夕方5時ごろ着くと思うんですが、駅に着いたら電話します。

旅館の人：はい。それでは、**お待ちして**います。

スミス：はい。よろしくお願いします。

75 道はわかりやすいと思う

どう使う？

「〜やすい」は、「食べやすい」のように、するのがやさしいと言うときや、「こわれやすい」のようにすぐにその状態になる性質だと言うときに使う。
Use "〜やすい" to mean that something is easy to do, as in "食べやすい"; or that something may easily occur, as in "こわれやすい", due to an object's attributes.

V-~~ます~~ ＋ やすい

① このペンは書きやすいので、いつもこれを使っています。
② 雪で道がすべりやすくなっていますから、気をつけてくださいね。

やってみよう！

▶答え 別冊P.9

例） このくつは軽くて ___歩き___ やすいです。
1） このお酒はあまくて _____ やすいです。
2） ジョンさんの電話番号はかんたんで _____ やすいです。
3） 私の国は安全でぶっかも安いので、_____ やすいです。
4） この皿はうすくて _____ やすい。

| 住みます　飲みます　われます　~~歩きます~~　覚えます |

76 わかりにくいかもしれません

どう使う？

「〜にくい」は、「歩きにくい」のように、するのが難しいと言うときや、「かわきにくい」のようになかなかその状態にならない性質だと言うときに使う。
Use "〜にくい" to mean that something is hard to do, as in "歩きにくい"; or that something is unlikely to occur, as in "かわきにくい", due to an object's attributes.

V-~~ます~~ ＋ にくい

① この薬はにがくて飲みにくいです。
② この時計は丈夫でこわれにくい。

やってみよう！

▶答え 別冊P.9

例) この本は字が小さくて　__読み__　にくいです。

1) このいすは低くて　_____　にくい。

2) このきかいはふくざつで　_____　にくいです。

3) このカーテンは、火事でも　_____　にくいです。

4) このくだものはかわがかたくて　_____　にくい。

> 使います　読みます　座ります　もえます　切ります

77 お待ちしています

どう使う？

「お〜する」は自分が相手のためにすることを、敬意を持って言うときに使う。Ⅲグループの動詞には使わない。
Use "お〜する" when you humbly say that you do something for the listener. Do not use it with Group 3 verbs.

お ＋ V-ます ⎫
　　　　　　⎬ ＋ する
ご ＋ N　　 ⎭

＊名詞は「案内・しょうかい・説明・れんらく・用意」などの言葉がよく使われる。
　Nouns often used include "案内・しょうかい・説明・れんらく・用意", etc.

① じゅんばんが来たら、お名前をお呼びします。

② お荷物、お持ちします。

③ A：何かお手伝いしましょうか。
　 B：ありがとうございます。お願いします。

④ インドの文化にくわしい友だちを、今度ごしょうかいします。

⑤ 会議の時間が決まったら、すぐごれんらくします。

やってみよう！

▶答え 別冊P.9

例) A：すみません。「〇〇」という本が見つからないんですが…。

B：では、　おさがし　します。

1) A：すみません。本を2冊よやくしているんですが。

B：はい。＿＿＿＿＿＿します。図書館カードを見せてください。

2) A：すみません。カードをなくしたんですが。

B：はい。では、新しいカードを＿＿＿＿＿＿しますから、この紙に名前と住所をお願いします。

3) A：すみません。コンピューターで本をけんさくしたいんですが。

B：はい。こちらへどうぞ。使い方を＿＿＿＿＿＿します。

4) A：大丈夫ですか。＿＿＿＿＿＿しましょうか。

B：あ、ありがとうございます。

さがします　持ちます　作ります　調べます　説明します

「お～いたします」は「お～します」よりていねいな言い方。客に対してや、ビジネスの場面などでよく使う。

"お～いたします" is a more polite way to say "お～します". It is often used, for example, when speaking to customers and in business settings.

① お食事はごきぼうの時間にお部屋までお運びいたします。
② 資料はメールにてんぷしてお送りいたします。
③ ただ今ご案内いたしますので、こちらで少々お待ちください。
④ 会議の日時は来週こちらからごれんらくいたします。

やってみよう！

▶答え 別冊P.9

1) パスポートはコピーが終わったら・　　・a ご説明いたします。
2) ごきぼうのお部屋を　　　　　　　　・　　・b おさがしいたします。
3) 10名さまをハワイ旅行に　　　　　　・　　・c お返いいたします。
4) ただ今から新せいひんについて　　　・　　・d ごしょうたいいたします。

まとめの問題 Review questions

▶答え 別冊P.16

もんだい1 〈文の組み立て〉

___★___ に 入る ものは どれですか。1・2・3・4から いちばん いい ものを 一つ えらんで ください。

1 A：晩ご飯、何を 食べましょうか。
B：今日は ____ ____ ★ ____ にしませんか。

1 寒い　　　2 あたたかい　　3 料理　　　4 ので

2 この テキストは ____ ____ ★ ____ です。

1 わかりやすい　2 文法の　　3 ありますから　4 説明が

3 先週 ____ ____ ★ ____ から、アドレスを 教えて ください。

1 とった　　2 京都で　　3 しゃしんを　4 お送りします

4 この ____ ____ ★ ____ です。

1 大きくて　2 運転　　3 しにくい　　4 車は

5 渋谷駅へ ____ ____ ★ ____ いいでしょうか。

1 乗ったら　　　　　　2 行きたいんですが、
3 電車に　　　　　　　4 どの

もんだい2 〈文章の文法〉

 1 ～ 4 に 何を 入れますか。1・2・3・4から いちばん いい ものを 一つ えらんで ください。

> 今度、母と 旅行に 行く。それで、今日 旅館の よやくを した。旅館の 名前は 山下旅館 1 。旅館に とまるのは はじめてだ。母と いっしょ なので、へやは わしつ 2 した。わしつ 3 広いらしいから、ちょうど よかった。 4 場所だったら こまると 思ったが、旅館の 人が 駅まで 車で むかえに 来ると 言って くれた。母も いっしょだから、そのほうが 安心だ。

1	**1** です	**2** だ	**3** にする	**4** でございます
2	**1** を	**2** が	**3** に	**4** で
3	**1** のほうが	**2** とどちらが	**3** より	**4** から
4	**1** わかりにくい	**2** わかった	**3** わかりやすい	**4** わからなかった

もんだい3 〈聴解〉

1 まず しつもんを 聞いて ください。それから 話を 聞いて、もんだいようしの 1から4の 中から、いちばん いい ものを 一つ えらんで ください。

1 学校を 休む
2 大木先生に 電話を する
3 大阪へ 行く
4 大木先生に メールを する

🎧44

2 このもんだいでは えなどが ありません。まず、ぶんを 聞いて ください。それから、そのへんじを 聞いて、1から3の 中から、いちばん いい ものを 一つ えらんで ください。

1	**1**	**2**	**3**	🎧45
2	**1**	**2**	**3**	🎧46
3	**1**	**2**	**3**	🎧47
4	**1**	**2**	**3**	🎧48

8 旅館のよやく ●133

9 ゆうしょうインタビュー（1）
A post-victory interview (1)

できること

- インタビューなどでていねいな質問を聞いて、理解することができる。
  Listen and understand polite questions, such as in an interview.
- インタビューなどで質問に対して受け答えができる。
  Respond to questions, such as in an interview.

🎧 49

インタビュアー：大川選手、ゆうしょうおめでとうございます。すばらしい試合でしたね。今の**お気持ち**は？

大川：ありがとうございます。今日ゆうしょうできたのは、みなさまにおうえんし**ていただいた**からです。

インタビュアー：今日の試合でいんたい**されるそうです**が、試合**中**、どんなことを考え**ていらっしゃいました**か。

大川：これが最後の試合ですから、かつことだけを考えていました。ゆうしょうできて、本当にしあわせです。

78　お気持ち

どう使う？

「お／ご〜」は、名詞や形容詞の前について、その言葉をていねいに言うときに使う。
Use "お／ご〜" before nouns and adjectives to say these words politely.

＊よく使う言葉：
　お手紙・お電話・お仕事・お世話・おたく・お時間・お元気・お忙しい
　ごあいさつ・ご主人・ごよてい・ごけっこん　など

① こちらにお名前とご住所をお願いします。
② このお花はおいくらですか。
③ ご家族はお元気ですか。

79　おうえんしていただいた

どう使う？

「〜ていただく」は、「〜てもらう」のていねいな言い方。物を「もらう」ことをていねいに言うときは「いただく」を使う。
"〜ていただく" is a polite way to say "〜てもらう". Use "いただく" when you politely say that you receive something.

V-て
N を] ＋ いただく

① きのう部長に昼ご飯をごちそうしていただきました。
② 先生、レポートを見ていただけませんか。
③ 先生にしょうかいしていただいた文法の本はとてもよかったです。
④ 大川さんからお礼の手紙をいただきました。
⑤ さっきお客さんにいただいたおみやげを食べましょう。

やってみよう！

▶答え 別冊P. 9

例）私たちのけっこん式で社長にスピーチを（　していただきました　）。
1）部長に歌を（　　　　　　　　　　　　）。
2）課長にギターを（　　　　　　　　　　　　）。
3）先生にプレゼントを（　　　　　　　　　　　　）。
4）先輩にビデオを（　　　　　　　　　　　　）。

80　いんたいされる

どう使う？

相手がすることを尊敬して言うときは、尊敬形を使う。尊敬形は受身形と同じ形。会社などでよく使う。

Use the honorific form when you respectfully state an action by the listener or someone else. The honorific form is the same as the passive form. It is often used, for example, at work.

受身形と同じ形

	辞書形 V-る	尊敬形 V-られる Honorific form
Iグループ	読む 作る 歌う	読まれる 作られる 歌われる
IIグループ	出る 降りる	出られる 降りられる
IIIグループ	する 来る	される 来られる

読む → ま + れる

あかさたなはまやらわ
いきしちにひみ　り
うくすつぬふむゆる
えけせてねへめ　れ
おこそとのほもよろを

出る → られる

① A：課長、課長は明日の会議に出席されますか。
　 B：ええ。3時からですよね。
② A：昨日、田村先生が話されたことを覚えていますか。
　 B：はい、試験のことですね。

やってみよう！

▶答え 別冊P.9

例) A：そのカメラ、どこで ＿＿買われました＿＿ か。
　　B：秋葉原です。

1) A：いらっしゃいませ。おたばこを ＿＿＿＿＿＿ か。
　 B：いいえ。
　 A：では、こちらのお席へどうぞ。

2) A：しゅみは音楽だそうですが、どんな音楽を ＿＿＿＿＿＿ か。
　 B：ジャズが好きです。

3) 部長は来月中国へ ＿＿＿＿＿＿。

4) A：この資料、もう片付けてもよろしいでしょうか。
　 B：あ、それはこれから部長が ＿＿＿＿＿＿ から。

　　使います　聞きます　買います　吸います　出張します

81 いんたいされるそうです

どう使う？

「～そうだ」は、メディアや人などから得た情報をほかの人に伝えるときに使う。
Use "～そうだ" when you tell a person some information you got from the media or some other person.

PI ＋ そうだ

① 動物園でパンダの赤ちゃんが生まれたそうです。
② 新しい課長はとてもきびしい人だそうですよ。
③ 先生の話では、来週の試験は難しくないそうです。

「そうだ」は得た情報の内容を表すので、「そうじゃない・そうだった」などは使わない。
"そうだ" expresses received information, so in this situation, do not use expressions such as "そうじゃない・そうだった".

今日は雪が降るそうじゃない。
⇒ ○ 今日は雪が降らないそうだ。

きのう九州で雪が降ったそうだった。
⇒ ○ きのう九州で雪が降ったそうだ。

やってみよう！

▶答え 別冊P.9

例）天気予報で聞いたんですが、今度の台風はとても ___大きい___ そうですよ。

1) さっき母から電話がありました。妹が大学の試験に _____ そうです。

2) 来月学校の近くに新しいレストランが _____ そうです。

3) 木村さんは子どものころ、体が _____ そうです。

4) A：石川さんは若いとき _____ そうですよ。
   B：だから、走るのが速いんですね。

5) 佐藤さんの話では、鈴木さんはピアノが _____ そうです。

| 合格します　弱いです　できます　上手です |
| サッカーのせんしゅです　~~大きいです~~ |

82　試合中

どう使う？

「～中」は、動作を表す名詞の後ろについて、その動作が続いていることを表す。
"～中" is placed after a noun that expresses an action. This is to state that the action is continuing.

N ＋ 中

① 山田さんは今電話中です。
② すみません。高橋は今、外出中なのですが…。
③ ジョギング中の事故に気をつけてください。

やってみよう！

▶答え　別冊P. 9

例） 田中さんは今、会議をしています。
　　　　　　　　　（　会議中です　）

1） 今勉強していますから、静かにしてください。
　　（　　　　　　　）

2） 今研究しているものは何ですか。
　　（　　　　　　　）

3） ちょっと待ってください。今食事をしているんです。
　　　　　　　　　　　　（　　　　　　　）

📎 「～中」が時間を表す言葉の後ろについたときは、期間を表す。ただし、「今日中」「今年中」などは、「ちゅう」ではなく「じゅう」と読む。
When "～中" is placed after a word that expresses time, it states a time period. In "今日中" or "今年中", it is read as "じゅう", not "ちゅう".
① 6月中にレポートを書かなければなりません。

②今週中に申し込みをしてください。
③この仕事は今日中にやってください。

「世界」「日本」など、「〜中」が場所の言葉の後についたときは「じゅう」と読み、その場所全部という意味になる。
When "〜中" is used after a place word such as "世界" or "日本", it is read as "じゅう" and refers to the entire area within that place.
富士山は有名ですから、世界中の人が知っています。

83 考えていらっしゃいました

どう使う？

相手がすることを尊敬して言うとき、特別な尊敬の動詞を使う。
Use a special honorific verb when you respectfully state an action by the listener or someone else.

特別な尊敬語　Special honorific words

意味	V-る	V-ます
食べる / 飲む	召し上がる	召し上がります
行く / 来る / いる	いらっしゃる	*いらっしゃいます
〜ている	〜ていらっしゃる	〜ていらっしゃいます
見る	ご覧になる	ご覧になります
言う	おっしゃる	*おっしゃいます
する	なさる	*なさいます
知っている	ご存じだ	ご存じです
くれる	くださる	*くださいます

*「いらっしゃる」「おっしゃる」「なさる」「くださる」のます形は、「いらっしゃいます」「おっしゃいます」「なさいます」「くださいます」になる。

①お食事はもう召し上がりましたか。
②小林先生はあちらで本を読んでいらっしゃいます。
③次のごよやくはいつになさいますか。
④部長、細川さんをご存じですか。

やってみよう！

▶答え 別冊P.9

例) コーヒーと紅茶とどちらに（　なさいます　）か。
1) 山川先生は「明日テストがありますよ」と（　　　　　）。
2) A：すみません。佐々木先生はどちらですか。
　　B：あ、先生はあちらに（　　　　　）。
3) A：社長、今朝のテレビのニュースを（　　　　　）か。
　　B：ああ、見たよ。
4) A：田中さん、明日の会議が3時からになったのを（　　　　　）か。
　　B：え！　知りませんでした。

9 ゆうしょうインタビュー（2）
A post-victory interview (2)

できること

- インタビューなどでていねいな質問を聞いて、理解することができる。
  Listen and understand polite questions, such as in an interview.
- 自分の感想や今後の予定を言うことができる。
  Talk about your impressions and future plans.

🎧 50

インタビュアー：今までのせんしゅ生活で何がいちばんよかったですか。

大川：そうですね。すばらしい仲間ができたことです。若いときは一人でむりをしましたが、だんだん仲間と助け合ってプレーする**ようになりました**。

インタビュアー：そうですか。これからのごよていは？

大川：はい、3か月ほど休みをもらって、そのあとは若いせんしゅにサッカーを教える**ことになっています**。

インタビュアー：そうですか。では、しばらくゆっくり**お休みになって**、これからもどうぞがんばってください。大川せんしゅ、どうもありがとうございました。

84 せんしゅ生活で何がいちばんよかったですか

どう使う？

「～がいちばん…」は、3つ以上の物・人・場所などを比べて順番をつけたときに最も…なものはどれか質問したり答えたりするときに使う。
Use "～がいちばん…" when you ask or answer which of three or more things, people, places or such is the most "…"

①A：すしで何がいちばん好きですか。
　B：マグロがいちばん好きです。
②A：日本の政治家でだれがいちばん人気がありますか。
　B：…わかりません。
③A：今度の会議ですが、いつがいちばんつごうがいいですか。
　B：私は水曜日の3時半からがいちばんいいんですが…。

やってみよう！

▶答えの例 別冊P.10

1）家族でだれがいちばん背が高いですか。
　（　　　　　　　）がいちばん背が高いです。
2）あなたの国の料理で何がいちばん有名ですか。
　（　　　　　　　）がいちばん有名だと思います。

85　プレーするようになりました

どう使う？

「～ようになる」は、今までなかった状態になったり、今までしていなかったことが新しく習慣になったと言うときに使う。
Use "～ようになる" when a new situation arises or when something you used to not do has become a new habit.

V-る + ようになる

①日本へ来てから、自分で料理を作るようになりました。
②どのホテルでもカードキーを使うようになりました。
③母は目が悪くなって、本を読むときめがねをかけるようになりました。

今までしていたことをしなくなったときは、「～なくなる」になる。
When you stop doing something you had been doing, the phrase becomes "～なくなる".
①あの人は、前はたばこを吸っていましたが、最近吸わなくなりました。

②子どものときはよく泳ぎましたが、中学に入ってから泳がなくなりました。
③最近は忙しいので、自分でご飯を作らなくなりました。

やってみよう！

▶答え 別冊P.10

1) 前は運動がきらいでしたが、最近は少し（するように・しなく）なりました。
2) 飲みすぎて病気になってからお酒を（飲むように・飲まなく）なりました。
3) 先輩の田中さんと、前はほとんど話しませんでしたが、会社に入ってから、
   （よく話すように・あまり話さなく）なりました。
4) 運転めんきょを取ってから、いつも車で出かけるので、
   あまり（歩くように・歩かなく）なりました。

☞ 61. ひけるようになった

86　教えることになっています

どう使う？

「～ことになっている」は、予定や規則をほかの人に説明するときに使う。
Use "～ことになっている" when you explain to another person a plan or a rule.

V-る　　　＋　ことになっている
V-ない

＊規則を説明するときは、「～てもいい・～なければならない・～てはいけない」などといっしょにも使う。
You can also use it together with expressions such as "～てもいい・～なければならない・～てはいけない" when you explain a rule.

①来週の月曜日、友だちと映画を見ることになっています。
②今日荷物がとどくことになっている。
③ここにあるかさはだれが使ってもいいことになっています。
④留学する前にビザをもらわなければならないことになっています。

やってみよう！

▶答え 別冊P.10

例) 明日は、
9時に（　学校に集まる　）ことになっています。

1) バスで（　　　　　　　）ことになっています。

2) 公園で（　　　　　　　）ことになっています。

3) 2時ごろ（　　　　　　　）ことになっています。

```
校外学習スケジュール
9：00      学校
           バスで美術館へ
13：00     お弁当
14：00ごろ  学校へ
```

87　ゆっくりお休みになって

どう使う？

「お～になる」は、相手がすることを尊敬して言うときに使う。
Use "お～になる" to respectfully state an action by the listener or someone else.

お ＋ V-ます ＋ になる

①ご主人は何時ごろお帰りになりますか。
②先生、この歌をお聞きになったことがありますか。
③会場へお入りになる方はこちらの入り口からお願いします。

> 「います・寝ます」などのように「ます」の前が1音節の動詞はこの形は使わない。
> Do not use it with verbs such as "います・寝ます" that only have one syllable before "ます".
> 先生はどんなスポーツをおしになりますか。

やってみよう！

▶答え 別冊P.10

1) 2)

3) 4)

例）お写真を（　お撮りになる　）方はこちらでどうぞ。

1）おみやげを（　　　　　　　　）方はこちらのお店でどうぞ。

2）このふくろを（　　　　　　　）ますか。どうぞ。

3）お疲れですか。こちらでちょっと（　　　　　　　）ますか。

4）タクシーでおうちへ（　　　　　　　）方、タクシー乗り場はあちらです。

まとめの問題 Review questions

▶答え 別冊P.16

もんだい1 〈文の組み立て〉

___★___ に 入る ものは どれですか。1・2・3・4から いちばん いい ものを 一つ えらんで ください。

[1] 鈴木さんの 話では _____ _____ ___★___ _____ そうです。
  1 料理は   2 しょくどうの   3 おいしい   4 安くて

[2] かちょうが _____ _____ ___★___ _____ のを 知っていますか。
  1 入院   2 なさった   3 じこで   4 自動車の

[3] 西川さんは _____ _____ ___★___ _____ ことに なりました。
  1 病気の   2 ために   3 会社を   4 おやめに なる

[4] 田中さんは _____ _____ ___★___ _____ います。
  1 おへやで   2 ホテルの   3 になって   4 お休み

[5] 図書館の 本は _____ _____ ___★___ _____ なっています。
  1 以内に   2 ことに   3 2週間   4 返す

[6] この _____ _____ ___★___ _____ いたします。
  1 ごらんに なって   2 しょるいを
  3 サインを   4 おねがい

[7] 今度の _____ _____ ___★___ _____ 教えて ください。
  1 いちばん   2 楽しかった   3 旅行で   4 ことを

9 ゆうしょうインタビュー（2） 147

もんだい2 〈文章の文法〉

　1 ～ 4 に 何を 入れますか。1・2・3・4から いちばん いい ものを 一つ えらんで ください。

> みなさん、新しい コーチを　1　。大川コーチです。大川コーチは せんしゅを いんたいされて、来月からは この チームの コーチに なって いただく　2　。大川コーチは 東京で お生まれになり、18さいの とき ドイツに サッカーりゅうがくを されました。21さいの とき、全日本の メンバーに えらばれました。二度、ワールドカップに 出場なさって、たくさんの 世界の チームと 試合を　3　。大川コーチの ゆめは 世界一の チームを　4　そうです。チームの みなさん、大川コーチと いっしょに がんばって ください。

1　1　ごしょうかい させます　　　2　ごしょうかい されます
　　3　ごしょうかい します　　　　4　ごしょうかい なさいます

2　1　ことに なられました　　　　2　ことに なりました
　　3　ことが ありました　　　　　4　ことが ございます

3　1　できました　　　　　　　　　2　させました
　　3　いたしました　　　　　　　　4　なさいました

4　1　作ることだ　　　　　　　　　2　作ったことだ
　　3　作れ　　　　　　　　　　　　4　作り

もんだい3 〈読解〉

つぎの文章を読んで、質問に答えてください。答えは、1・2・3・4から、いちばんいいものを一つえらんでください。

> 　大川選手へ
> 　優勝おめでとうございます。テレビで最後の試合を見ました。すばらしかったです。選手生活20年の間にはけがをして、試合に出られなかったときもありまし

たね。でもどんなときも大川選手は笑顔でした。私は選手の中で大川選手がいちばん好きでした。練習でも試合でも一生懸命ボールを追いかけているのを見て、私もがんばろうと思いました。

　大川選手、お疲れさまでした。コーチをされると聞きましたが、これからもずっと応援しています。

ファンより

この人はどうして大川選手が好きでしたか。
1　大川選手は20年間、けがをして試合に出られなかったからです。
2　大川選手は優勝して笑っていたからです。
3　大川選手がいつもがんばっていたからです。
4　大川選手はコーチになるからです。

もんだい4 〈聴解〉

このもんだいでは えなどが ありません。まず、ぶんを 聞いて ください。それから、そのへんじを 聞いて、1から3の 中から、いちばん いい ものを 一つ えらんで ください。

| 1 | 1 | 2 | 3 | 🎧 51 |
| 2 | 1 | 2 | 3 | 🎧 52 |

10 アルバイトのめんせつ（1）
An interview for a part-time job (1)

できること

● アルバイトの面接を受けて、専攻や経験なども含め、ていねいに自己紹介ができる。
Attend an interview for a part-time job and politely talk about yourself, including your specialties, experience and so forth.

🎧 53

面接官：次の方、どうぞ**お入りください**。

スミス：失礼します。

面接官：そちらにおかけください。

スミス：はい。

面接官：まず、じこしょうかいをお願いします。

スミス：私*はスミスと申します。さくねんの10月にアメリカから**まいりました**。今は大学で、日本語と日本のけいざいを勉強しております。どうぞよろしくお願いいたします。

面接官：スミスさんは英語を教えたことがありますか。

スミス：ええ。ボランティアで1年ぐらい教えたことがあります。

面接官：そうですか。TOEFLテストのクラスが教えられますか。

スミス：はい。TOEFLのクラス**なら**大丈夫だと思います。TOEFLを受ける日本人に教えていましたから。

面接官：そうですか。

*「私」という漢字はふつう「わたし」と読むが、ていねいな文では「わたくし」と読むこともある。
The kanji "私" is normally read as "わたし", but it is also read as "わたくし" in polite sentences.

88　お入りください

どう使う？

「お～ください」は、「～てください」のていねいな言い方。相手に何かすすめたり、指示したりするときに使う。Ⅲグループの動詞には使わない。
"お～ください" is a polite way to say "～てください". Use it when you suggest or instruct the listener to do something. Do not use it with group 3 verbs.

お ＋ V-ます　　] ＋ ください
ご ＋ N

＊名詞は「利用・注意・えんりょ・記入・そうだん・用意・れんらく・出席」などの言葉がよく使われる。
　Nouns often used include "利用・注意・えんりょ・記入・そうだん・用意・れんらく・出席", etc.

① こちらにお名前とご住所をお書きください。
② お降りになる方は、バスが止まってから、お立ちください。
③ レストランは8階にございます。あちらのエレベーターをご利用ください。
④ すべりやすいので、ご注意ください。

「います・寝ます」などのように「ます」の前が1音節の動詞はこの形は使わない。
Do not use it with verbs such as "います・寝ます" that only have one syllable before "ます".

この資料を~~お見ください~~。

やってみよう！

▶答え 別冊P.10

例）

1)

2)

3)

4)

例）どうぞお好きな席に ___お座り___ ください。

1) おたばこは _____ ください。

2) お飲み物はご自由に _____ ください。

3) あついので _____ ください。

4) ミルクやさとうはご自由に _____ ください。

| 召し上がります　使います　えんりょします　座ります　注意します |

89　アメリカからまいりました

どう使う？

相手への尊敬の気持ちを示すために自分がすることを低めて言うときは、特別な動詞を使う。

When you humbly state an action taken by you, use special verbs to show the listener respect.

特別な謙譲語　Special humble words

意味	V-る	V-ます
行く 来る	まいる	まいります
する	いたす	いたします
いる	おる	おります
～ている	～ておる	～ております
言う	申す	申します
知っている 知らない	存じておる 存じない	存じております 存じません
会う	お目にかかる	お目にかかります
ほうもんする 聞く（質問する）	うかがう	うかがいます
見る	拝見する	拝見します
言う	申し上げる	申し上げます
食べる 飲む もらう	いただく	いただきます
あげる	さしあげる	さしあげます

①電車がまいりますので、黄色い線の内側までお下がりください。
②先週、社長のおくさまにお目にかかりました。そしておくさまがお作りになった人形を拝見しました。
③先　生：スミスさん、このおかしを食べませんか。
　スミス：はい、いただきます。

④A：明日2時ごろ、そちらにうかがってもよろしいでしょうか。

　B：はい、お待ちしています。

⑤私の父はぼうえき会社に勤めております。

やってみよう！

▶答え 別冊P.10

1) A：私はABK社の佐藤と ＿＿申します＿＿ 。
　　　　　　　　　　　　　（言います）

　　　山田課長に ＿＿＿＿＿＿＿＿ たいのですが…。
　　　　　　　　　　（会います）

　B：おやくそくですか。

　A：はい。3時におやくそくをして ＿＿＿＿＿＿＿＿ 。
　　　　　　　　　　　　　　　　　　　　（います）

　B：少々お待ちください。

2) A：本日はありがとうございました。また来週月曜日の3時に ＿＿＿＿＿＿＿＿ 。
　　　　　　　　　　　　（ほうもんします）

　B：よろしくお願いします。本日はありがとうございました。

　A：それでは、失礼 ＿＿＿＿＿＿＿＿ 。
　　　　　　　　　　　（します）

2)

90　TOEFLのクラスなら大丈夫

どう使う？

「〜なら」は、ほかはダメだが、〜は「できる・大丈夫・問題ない」と言うときに使う。
Use "〜なら" when you say that options are no good, but "〜" is possible, okay or not a problem.

Ⓝ ＋ なら

①サッカーのルールならわかるけど、野球のルールはぜんぜんわからない。

②日曜日なら時間が取れるから、いっしょに買い物に行こうよ。

③A：今度のパーティーでつうやくをしてもらえませんか。

　B：すみません。手紙のほんやくならできますが、つうやくはちょっと…。

やってみよう！

▶答え 別冊P.10

1）A：この問題、わかる？

　　B：うーん。きっと鈴木さんなら（わからない・わかる）よ。

2）A：今度、いっしょにテニスしませんか。

　　B：テニスはちょっと…。バレーボールなら（できない・できる）けど…。

3）A：あの遊園地はいつもこんでいますね。

　　B：雨の日なら（こんで・すいて）いますよ。

4）A：魚は嫌いなんですか。

　　B：さしみはだめなんです。やいた魚なら
　　　（大丈夫です・食べられません）が…。

10 アルバイトのめんせつ（2）
An interview for a part-time job (2)

できること

- アルバイトの面接を受けて、条件や注意事項などを聞いて理解することができる。
  Attend an interview for a part-time job and listen to and understand conditions, cautions and the like.

🎧 54

面接官：この学校では授業中、学生は日本語を使っ**てはいけない**ことになっているんですが…。

スミス：では、私も日本語で話さない**ようにします**。

面接官：お願いします。ところで、月曜日と水曜日の夜、来**てほしいん**ですが、スミスさんはどちらも来られますか。

スミス：はい。

面接官：わかりました。では、2、3日後にこちらからごれんらくをさしあげます。

スミス：よろしくお願いいたします。

91　使ってはいけない

どう使う？

「〜てはいけない」は、危ないことなどをしている人にやめるように言うときや、規則などで禁止されていると言うときに使う。
Use "〜てはいけない" when you tell a person doing something dangerous or otherwise bad to stop it, or when you say that something is not allowed because of a rule or some other reason.

V-て ＋ はいけない

 ①  ②  ③

①教室でたばこを吸ってはいけません。
②試験のとき、ボールペンで書いてはいけません。

③図書館で大きい声で話してはいけません。

> 「〜てはいけない」は、直接人に言うと強すぎるので、規則を説明するときなどは「〜てはいけないことになっている」がよく使われる。
> "〜てはいけない" is too strong to say directly to a person when, for example, you explain a rule, so "〜てはいけないことになっている" is often used instead.
> 教室では食べたり飲んだりしてはいけないことになっています。

やってみよう！

▶答え 別冊P.10

例) A：お酒はしばらくやめてください。
　　B：え、お酒を（ 飲んで ）はいけないんですか。
　　A：ええ。病気がなおるまでだめですよ。

1) A：ここは駐車きんしですよ。
　　B：ここに車を（　　　　　　　）はいけないんですか。
　　A：ええ。ここは病院の前ですから。

2) A：このゴミは出さないでください。
　　B：今日、ゴミを（　　　　　　　）はいけないんですか。
　　A：これはもえないゴミですから、月曜日に出してください。

3) A：海に入らないでください。
　　B：え、海に（　　　　　　　）はいけないんですか。
　　A：ええ。この海は危ないですから。

4) A：写真を撮らないでください。
　　B：写真を（　　　　　　　）はいけないんですか。
　　A：ええ。この美術館では写真はきんしされているんです。

92 話さないようにします

どう使う？

「〜ようにする」は、これからがんばって努力することや、気をつけることを話すときに使う。「〜ようにしている」は、そのとき1回だけでなく、いつもがんばって努力していることや、気をつけていることを話すときに使う。

Use "～ようにする" when you talk about working hard on something now and into the future, or what you will be careful about. Use "～ようにしている" when you talk about working hard on something or being careful about something all the time, not just in that one instance.

V-る
V-ない] ＋ ようにする

① A：けんこうのために、少し運動したほうがいいですよ。
　 B：じゃ、これから毎日１時間くらい歩くようにします。
② 悪い言葉は使わないようにしましょう。
③ A：毎日早いですね。
　 B：ええ。８時をすぎるとラッシュになるので、家を早く出るようにしているんです。

やってみよう！

▶答え 別冊P.10

例）これから毎日ラジオでニュースを（ 聞く ）ようにします。
1）毎日日本人の友だちと（　　　）ようにします。
2）毎日漢字を10回（　　　）ようにします。
3）毎日日本のテレビを（　　　）ようにします。
4）できるだけ、日本語のまんがを（　　　）ようにします。

「～ようにしてください」は、相手に努力してほしいことや気をつけてほしいことを言うときに使う。「～てください」よりやわらかい言い方になる。
Use "～ようにしてください" when you want the listener to endeavor to do something or to be careful about something. This is a softer way of saying it than "～てください".

① あ、危ないですよ。そのきかいにさわらないようにしてください。
② A：明日は試験だから、遅れないようにしてください。
　 B：はい、先生。

93 来てほしい

どう使う？

「～てほしい」は、自分がほかの人に「～」することを希望すると言うときに使う。
Use "～てほしい" when you say that you wish for another person to do "～".

V-て
V-ない で] + ほしい

① A：来週のよていがわかったら、すぐ私に知らせてほしいんですが…。
　B：はい、わかりました。
② 家族にはずっと元気でいてほしいです。
③ A：このことはだれにも話さないでほしいんだけど…。
　B：えっ、何の話ですか？

> 「～てほしい」は、目上の人などに質問するときには使わない。
> Do not use "～てほしい" when you ask the listener a question.
> 先生、私の電話番号を教えてほしいですか。 ✗

やってみよう！
▶答え 別冊P.10

例）A：自転車置き場がせまいよね。
　　B：もっと ＿広くして＿ ほしいよね。

1) A：学費高いよね。
　　B：もっと ＿＿＿＿＿＿ ほしいよね。

2) A：申し込んだんだけど、しょうがく金もらえなかったよ。
　　B：しょうがく金の数をもっと ＿＿＿＿＿＿ ほしいよね。

3) A：この間、図書館休みだったよ。調べたいものがあったのに。
　　B：夏休みでも ＿＿＿＿＿＿ ほしいよね。

4) A：今年から学園祭がないらしいよ。
　　B：え！ 学生の楽しみなんだから、＿＿＿＿＿＿ ほしいね。

安くします　広くします　ふやします　やめます　休みます

まとめの問題 Review questions

▶答え 別冊P.17

もんだい1 〈文の組み立て〉

___★___ に 入る ものは どれですか。1・2・3・4から いちばん いい ものを 一つ えらんで ください。

1　じゅんばんに お名前を ____ ____ ★ ____ ください。
　　1　お待ち　　　2　お呼びします　　3　こちらで　　　4　ので

2　帰国する ____ ____ ★ ____ と 思っています。
　　1　かかりたい　2　山田先生に　　　3　お目に　　　　4　前に

3　すみませんが、この ____ ____ ★ ____ か。
　　1　よろしい　　2　でしょう　　　　3　いただいても　4　カタログを

4　日本語 ____ ____ ★ ____ タイ語は わかりません。
　　1　なら　　　　2　けど、　　　　　3　教えられます　4　少し

5　田中さん、____ ____ ★ ____ んですが、時間が ありますか。
　　1　ほしい　　　2　仕事を　　　　　3　この　　　　　4　てつだって

もんだい2 〈文章の文法〉

[1]～[4] に 何を 入れますか。1・2・3・4から いちばん いい ものを 一つ えらんで ください。

　日本の 生活にも なれたので、アルバイトが したいと 思った。英語を 教える 仕事 [1] できると 思ったので、今日 めんせつに 行った。めんせつで あまり むずかしい しつもんは なかった。いっしょうけんめい ていねいな 日本語を [2] が、ちゃんと 話せたか どうか しんぱいだ。でも クラスでは 日本語を 話す ひつようは ないし、アメリカで TOEFLの クラスを 教えたことも ある [3] 、だいじょうぶだろう。月曜日と 水曜日に [4] と 言われたが、ちょうど その日は 学校の じゅぎょうが ない日だし、アルバイトが できると いいなあ。

[1]　1　のに　　　　2　でも　　　　　　3　なら　　　　　4　ので

2	**1** 使うようにした	**2** 使えるようになった
	3 使うことになった	**4** 使ってしまった

3	**1** と	**2** のに	**3** が	**4** から

4	**1** 教えたい	**2** 教えてほしい
	3 教えてしまう	**4** 教えてみる

もんだい3 〈聴解〉

1 まず しつもんを 聞いて ください。それから 話を 聞いて、もんだいようしの 1から4の 中から、いちばん いい ものを 一つ えらんで ください。

1	**1** めんせつを する	**2** せつめいを する	🎧55
	3 じゅぎょうを する	**4** おしえる れんしゅうを する	

2	**1** 花火を すること	**2** よる、大きな こえで 話すこと	🎧56
	3 ごみを すてること	**4** そうじする こと	

3	**1** へやのじゅんびを する	**2** ここで まつ	🎧57
	3 コーヒーを 飲む	**4** スポーツ新聞を 持って くる	

2 このもんだいでは えなどが ありません。まず、ぶんを 聞いて ください。それから、そのへんじを 聞いて、1から3の 中から、いちばん いい ものを 一つ えらんで ください。

    1   **2**   **3**   🎧58

11 便利な言葉
Useful vocabulary

1 助詞 Particles

1. を
この道をまっすぐ行って、あの橋を渡ってください。（通過 passing）

2. に
この薬は1日に3回飲んでください。

3. で
① 病気で学校を休みました。　☞p.96
② 3つで1,000円です。
③ これは木で作った人形です。

4. は
① 宿題は家でやってください。（話題 topic / subject）
② 私はお酒は飲みません。（否定の助詞 negative particle）
③ テニスはできますが、サッカーはできません。

5. も
① 私は海も山も好きです。
② かばんを3つも買いました。（たくさん）

6. が
もしもし。山田ですが、鈴木さんいらっしゃいますか。

7. と
① この漢字は「やま」**と**読みます。
② 日本人は親切だ**と**思います。

8. から
石油**から**いろいろなものが作られます。

9. 格助詞 + は／も
① 日本**には**きれいな山がたくさんあります。
② このバスは駅**へは**行きません。
③ 友だち**とは**話しましたが、先生**とは**話しませんでした。
④ 鈴木さんは家**でも**学校**でも**よく勉強します。
⑤ けっこん式に海外**からも**友だちが来ました。

10. か
① 何**か**食べましたか。
② 明日**か**あさって、もう一度来てください。（二択 two choices）

11. しか + 否定
① お金が少し**しか**ありません。（不足・不十分 insufficient / not enough）
② うちの子どもはまんが**しか**読みません。（だけ）

12. ずつ
この資料を1人1枚**ずつ**取ってください。

13. までに
レポートはかならず来週**までに**出してください。

14. でも

① こんなかんたんなことは子ども**でも**できるでしょう。（極端な例　extreme example）

② もう12時だから、昼ご飯**でも**食べに行きましょうか。（婉曲　indirect speech）

③ あの人は何**でも**よく知っています。（全面肯定　comprehensive affirmation）

15. とか

私はケーキ**とか**アイスクリーム**とか**、あまいものが大好きです。

16. なあ

どこか旅行に行きたい**なあ**。

やってみよう！

▶答え　別冊P.10

1　（　　）に何を入れますか。1・2・3・4からいちばんいいものを1つえらんでください。

1）買い物は全部（　　）1,500円でした。
　　1 に　　　　**2** が　　　　**3** で　　　　**4** ずつ

2）A：すみませんが、だれ（　　）手伝っていただけませんか。
　　B：あ、いいですよ。
　　1 は　　　　**2** が　　　　**3** か　　　　**4** に

3）ほら、鳥が空（　　）とんでいますよ。
　　1 を　　　　**2** で　　　　**3** に　　　　**4** が

4）A：映画を見に行きましょう。いつがいいですか。
　　B：休みの日なら、いつ（　　）いいですよ。
　　1 から　　　**2** が　　　　**3** でも　　　**4** も

5）雨（　　）川の水がふえましたから、気をつけてください。
　　1 を　　　　**2** で　　　　**3** に　　　　**4** が

6）A：私は毎日12時間くらい寝ます。
　　B：え？ 12時間（　　）寝るんですか。
　　1 に　　　　**2** しか　　　**3** も　　　　**4** だけ

7) A：ちょっとお金を貸してください。

B：すみません。私も1,000円（　　　）持っていないんです。

1 だけ　　　**2** しか　　　**3** から　　　**4** くらい

8) きのうの夜、30分（　　　）勉強しました。

1 だけ　　　**2** しか　　　**3** から　　　**4** まで

9) 今からミカンをくばります。1人3つ（　　　）取ってください。

1 ずつ　　　**2** しか　　　**3** が　　　**4** で

2 ＿＿★＿＿ に入るものはどれですか。1・2・3・4からいちばんいいものを1つえらんでください。

1) 道を ＿＿＿ ＿＿＿ ★ ＿＿＿ つけてください。

1 気を　　　**2** わたる　　　**3** 車に　　　**4** ときは

2) 鈴木さんはピアノは ＿＿＿ ＿＿＿ ★ ＿＿＿ ありません。

1 あまり　　　**2** 上手ですが　　　**3** 上手じゃ　　　**4** 歌は

3) 今日は8時 ＿＿＿ ＿＿＿ ★ ＿＿＿ じゅんびをしなければなりません。

1 会社へ　　　**2** 会議の　　　**3** 行って　　　**4** までに

4) 私は ＿＿＿ ＿＿＿ ★ ＿＿＿ そうじをしています。

1 1回　　　**2** 部屋の　　　**3** に　　　**4** 1週間

5) まだ ＿＿＿ ＿＿＿ ★ ＿＿＿ しませんか。

1 公園でも　　　**2** 時間が　　　**3** 散歩　　　**4** あるから

2 副詞 Adverbs

1. 程度を表す副詞
Adverbs that express degree

① あの人の話は**よく**わかりませんでした。

② 7月は今より**もっと**暑いですよ。

2. 予想・判断を表す副詞
Adverbs that express a prediction or judgment

明日は**たぶん**いい天気になるでしょう。

3. 時間・変化・完了を表す副詞
Adverbs that express time, change and completion

① 風が**だんだん**強くなりました。

② あの人は**まだ**仕事をしています。

③ **もう**時間がありません。急ぎましょう。

4. 回数・頻度を表す副詞
Adverbs that express frequency

① 日本へ来て、**はじめて**雪を見ました。

② いつも自分で料理を作っていますが、**たまに**レストランで食事します。

やってみよう！

▶答え 別冊P.11

（　　）に何を入れますか。1・2・3・4からいちばんいいものを1つえらんでください。

1) A：（　　）出張のレポートを書きましたか。
   B：はい。きのう部長に出しました。

   1 ちょっと　　2 だんだん　　3 よく　　4 もう

2) 難しい問題でも先生に説明してもらえば、（　　）わかりますよ。

   1 もう　　2 まだ　　3 あまり　　4 よく

3) A：寒いですね。
   B：そうですね。でもこれから（　　）寒くなりますよ。

   1 もっと　　2 よく　　3 はじめて　　4 あまり

4) リンさんは（　　）冬休みは国へ帰らないでしょう。

   1 よく　　2 だんだん　　3 たぶん　　4 はじめて

5) 10年前に（　　）パソコンを買ったときは、メールもできませんでした。

   1 まだ　　2 はじめて　　3 あまり　　4 いつも

6) はじめはピアノがきらいでしたが、(　　　　) おもしろくなりました。
   1 だんだん　**2** たぶん　**3** よく　**4** まだ

7) A：佐藤さんは (　　　　) 教室にいますか。
   B：いいえ。さっき帰りましたよ。
   1 もう　**2** まだ　**3** ちょっと　**4** もっと

3　指示語　Demonstratives

	こ	そ	あ	ど
物の様子 Appearance / state	こんな + Ⓝ	そんな + Ⓝ	あんな + Ⓝ	どんな + Ⓝ
程度が大きい様子 Large degree	こんなに	そんなに	あんなに	どんなに
動作のし方 Manner of action	こう + Ⓥ	そう + Ⓥ	ああ + Ⓥ	どう + Ⓥ

① 今日は風が強くてとても寒い。**こんな**日はあたたかい料理が食べたくなる。
② **あんなに**がんばって練習したのに、ゆうしょうできなくてざんねんです。
③ **どんなに**おいしいケーキでも毎日食べたら、きらいになるでしょう。
④ ラーメンは**こう**やって作るとおいしくできます。
⑤ A：学校まで**どう**やって来ますか。
　 B：自転車で駅まで行って、それから電車で30分くらいです。

やってみよう！
▶答え　別冊 P.11

1) A：雨が降ったら（どんな・どんなに・どう）したらいいですか。
　 B：雨なら中止ですが、わからなかったら電話してください。
2) A：（どんな・どんなに・どう）映画が好きですか。
　 B：こわい映画が好きです。
3) 毎日（こんな・こんなに・こう）いっしょうけんめい勉強しているのに、
　 テストでなかなか100点がとれない。

4 自動詞・他動詞 Intransitive and transitive verbs

	自動詞 Intransitive verbs [物]が〜する	他動詞 Transitive verbs [人]が[物]を〜する
1	開く	開ける
2	上がる	上げる
3	集まる	集める
4	起きる	起こす
5	おちる	おとす
6	おれる	おる
7	変わる	変える
8	(かぎが) かかる	(かぎを) かける
9	かわく	かわかす
10	消える	消す
11	決まる	決める
12	こわれる	こわす
13	閉まる	閉める
14	育つ	育てる
15	たおれる	たおす
16	出る	出す
17	立つ	立てる
18	つく	つける
19	続く	続ける
20	とどく	とどける
21	止まる	止める
22	直る	直す
23	(病気が) なおる	(病気を) なおす
24	なくなる	なくす
25	のこる	のこす
26	並ぶ	並べる
27	入る	入れる
28	始まる	始める
29	冷える	冷やす
30	見つかる	見つける
31	回る	回す
32	やける	やく
33	われる	わる

34	わく	わかす
35	よごれる	よごす
36	片付く	片付ける
37	ぬれる	ぬらす
38	動く	動かす
39	売れる	売る
40	取れる	取る

やってみよう！

▶答え 別冊P.11

例) この服は（**よごれて**・よごして）います。

1) A：まどが（開いて・開けて）いますよ。
   B：（開いて・開けて）おいてください。今からそうじをしますから。

2) ドアにかぎが（かかって・かけて）いますから、部屋に（入る・入れる）ことができません。

3) A：あ、さいふが（おちて・おとして）いますよ。だれのかな？
   B：すみません、私のです。

4) すみません、シャワーのお湯が（出ない・出さない）ので、見ていただけませんか。

5) 今日はパーティーですから、テーブルの上にお皿やコップなどが（並んで・並べて）あります。

N4　模擬試験(もぎしけん)

N4

げんごちしき
(もじ・ごい)

(30分(ぷん))

もんだい1 ＿＿＿の ことばは ひらがなで どう かきますか。
1・2・3・4から いちばん いい ものを ひとつ えらんで ください。

1 もうすぐ 春ですね。
　　1 なつ　　　2 はる　　　3 ふゆ　　　4 あき

2 おととい 火事が ありました。
　　1 ひじ　　　2 かじ　　　3 ほし　　　4 ひし

3 うちの ちかくに 工場が できました。
　　1 こんば　　2 こうこう　3 こうじょう　4 こうぎょう

4 たなかさんは 親切な ひとです。
　　1 しずか　　2 あんぜん　3 ねっしん　4 しんせつ

5 あしたの 試験は 9時からです。
　　1 じけん　　2 しけん　　3 しいけん　4 じっけん

6 このスープは へんな 味が します。
　　1 におい　　2 おに　　　3 あじ　　　4 みい

7 せんせいの 説明を 聞きます。
　　1 せつみん　2 せっみん　3 せつめい　4 せっめい

8 森の なかを さんぽします。
　　1 はたけ　　2 やま　　　3 もり　　　4 はやし

9 レストランで 食事を します。
　　1 しょっじ　2 しょくじ　3 そうじ　　4 そくじ

もんだい2 ＿＿＿の ことばは どう かきますか。
1・2・3・4から いちばん いい ものを ひとつ えらんで ください。

10 きょうは てんきが いいので、きのうより あつい です。
1 青い　　　2 熱い　　　3 厚い　　　4 暑い

11 わたしは こどもに ピアノを おしえて います。
1 教えて　　2 教えて　　3 教えて　　4 教えて

12 きれいな けしきが 見えます。
1 景色　　　2 風色　　　3 風景　　　4 気色

13 ここは、こうつうが べんりです。
1 校通　　　2 交通　　　3 校道　　　4 交道

14 ねこが はこの なかで ないています。
1 里　　　　2 間　　　　3 中　　　　4 内

15 けがを していて、ちからが でません。
1 力　　　　2 刀　　　　3 刃　　　　4 刃

もんだい3 （　　）に なにを いれますか。
1・2・3・4から いちばん いい ものを ひとつ えらんで ください。

16 ホテルの まどから （　　） やまが みえます。
1　あたたかい　2　うつくしい　3　せまい　　4　おいしい

17 （　　）は どちらですか。
1　おたく　　2　おれい　　3　おかげ　　4　おいのり

18 まどの ガラスが （　　） います。
1　こわれて　2　きれて　　3　われて　　4　やぶれて

19 やまださんは あの （　　）を きている ひとです。
1　カラー　　2　スーツ　　3　スキー　　4　カーテン

20 わたしは （　　） ダンスの せんせいに なりたいです。
1　しゅみ　　2　けいけん　3　しょうらい　4　ゆめ

21 わたしは この ホテルに （　　） ことが あります。
1　とめた　　2　すいた　　3　すんだ　　4　とまった

22 あした にもつが （　　） よていです。
1　とどく　　2　おくる　　3　だす　　　4　つける

23 わたしは （　　） プールへ およぎに いきます。
1　たいへん　2　たまに　　3　だいじに　4　あんぜんに

24 おきゃくさんが たくさん きたので スリッパが （　　）。
1　かりません　2　たりません　3　なりません　4　かいません

もんだい4 ＿＿＿の ぶんと だいたい おなじ いみの ぶんが あります。
1・2・3・4から いちばん いい ものを ひとつ えらんで ください。

25 わたしは びっくりしました。
1 わたしは おこりました。
2 わたしは しんぱいしました。
3 わたしは なきました。
4 わたしは おどろきました。

26 リンさんの さくぶんは いつも すばらしいです。
1 リンさんは さくぶんが とても へたです。
2 リンさんは さくぶんが とても きれいです。
3 リンさんは さくぶんが とても じょうずです。
4 リンさんは さくぶんが とても すきです。

27 わたしの にほんごの せんせいは はは です。
1 わたしは ははに にほんごを ならって います。
2 ははは わたしと にほんごを まなんで います。
3 ははは わたしの にほんごの がくせいです。
4 わたしは ははと にほんごを おしえて います。

28 けさ じゅぎょうに まにあいませんでした。
1 けさ じゅぎょうを やすみました。
2 けさ じゅぎょうに いきませんでした。
3 けさ じゅぎょうに おくれました。
4 けさ じゅぎょうを まちませんでした。

29 くるまに ちゅういして みちを わたります。
1 くるまを はっけんして みちを わたります。
2 くるまに きが ついて みちを わたります。
3 くるまに のらないで みちを わたります。
4 くるまに きを つけて みちを わたります。

もんだい5 ＿＿＿の ことばの つかいかたで いちばん いい ものを
1・2・3・4から ひとつ えらんで ください。

30 じゃま
1　あには じゃまなので びょういんへ いきました。
2　このごろ からだが じゃまな ひとが おおく なりました。
3　ともだちの うちは じゃまでした。
4　この はこは じゃまなので あそこへ はこんで ください。

31 こわい
1　この やさいは からだに とても こわいです。
2　いもうとは こわい はなしが すきです。
3　きのう こわい カメラを かいました。
4　エアコンが すこし こわいので けして ください。

32 ようじ
1　きょうは ようじが あるので はやく かえります。
2　しんせつな ともだちが ようじして くれました。
3　ようじが ありましたから けいさつに とどけました。
4　ようじしますから きょうは さんかできません。

33 うえる
1　たなに ほんが きれいに うえて あります。
2　じが ちいさいので もう すこし うえて ください。
3　にわに きれいな はなが うえて あります。
4　ドアを あけたら うえて しまいました。

34 わかす
1　まず おゆを わかして ください。
2　こいびとを わかして しまいました。
3　すみませんが、100えん わかして ください。
4　1じかん わかして おいしい スープを つくります。

N4 模擬試験(もぎしけん)

N4

言語知識(げんごちしき)(文法(ぶんぽう))・読解(どっかい)

(60分(ぷん))

もんだい1 (　　) に 何を 入れますか。
1・2・3・4から いちばん いい ものを 一つ えらんで ください。

[1] この道 (　　) 歩いていくと、右に 富士山が 見えますよ。
　　1 を　　　　2 に　　　　3 で　　　　4 が

[2] A「日曜日、どこ (　　) 行きましたか。」
　　B「いいえ。ずっと うちに いました。」
　　1 を　　　　2 へ　　　　3 が　　　　4 か

[3] 黒 (　　) 青の ボールペンで 書いて ください。
　　1 で　　　　2 も　　　　3 に　　　　4 か

[4] 祖母は 歯が 弱くなったので、やわらかい 物 (　　) 食べられません。
　　1 だけ　　　2 とか　　　3 しか　　　4 ずつ

[5] A「うちは いつも 晩ごはんが 8時ごろに なって しまうんです。」
　　B「そうですか。私の うち (　　) 6時ごろ 食べますよ。」
　　1 では　　　2 には　　　3 へは　　　4 とは

[6] A「旅行の 申し込み、まだ できますか。」
　　B「ええ。今週の 金曜日 (　　) 申し込んで ください。」
　　1 からは　　2 からも　　3 までは　　4 までに

[7] A「うちから 学校まで (　　) かかりますか。」
　　B「40分くらいです。」
　　1 どんな　　2 どうやって　3 どう　　　4 どのくらい

[8] 明日は (　　) 雨が 降ると 思います。
　　1 あまり　　2 たぶん　　3 まだ　　　4 だんだん

9 A「先月 貸した 本、もう 読んだ?」
B「ごめん。今 読んでいる（　　）だから、もう ちょっと 待って。」
1　ところ　　2　つもり　　3　そう　　4　こと

10 A「どうしたの?」
B「電車に かばんを（　　）しまったんだ。」
1　わすれた　　2　わすれて　　3　わすれ　　4　わすれる

11 A「京都へ（　　）ことが ありますか。」
B「ええ、去年 友だちと 行きました。」
1　行く　　2　行った　　3　行って　　4　行っている

12 A「ちょっと 暗いですね。電気を（　　）か。」
B「ええ、そうですね。」
1　つけましょう　　　　2　つけています
3　つけました　　　　4　つけておきました

13 A「すみません。ゲームの よやくを（　　）。」
B「じゃ、この 申込書に 書いて 出して ください。」
1　したんですが…　　　　2　したいんですが…
3　したほうがいいですよ　　4　しましょうか

14 先生の 研究室に（　　）、本を たくさん お借りしました。
1　いらっしゃって　　　　2　うかがって
3　おいでになって　　　　4　こられて

15 毎日 一生けんめい 勉強して、漢字が 少し（　　）なりました。
1　読むことに　　　　2　読めるように
3　読むために　　　　4　読めるのに

もんだい2 ___★___ に 入る ものは どれですか。
1・2・3・4から いちばん いい ものを 一つ えらんで ください。

16 私は 外国へ 行って、食べた ___ ___ ★ ___
食べるのが 好きです。
　　1　ことが　　　2　ものを　　　3　ない　　　4　めずらしい

17 週末、北海道へ 行く 予定でしたが、
飛行機の ___ ___ ★ ___ まだ わからないんです。
　　1　かどうか　　2　とれなくて　　3　行ける　　4　チケットが

18 A「出かけるの？」
B「うん。本屋で ___ ___ ★ ___ さそわれたから、
行ってくる。」
　　1　友だちに　　　　　　2　アルバイト
　　3　コンサートに　　　　4　している

19 来年の ___ ___ ★ ___ います。
　　1　思って　　2　すごそうと　　3　日本で　　4　お正月は

20 A「この 新しい パソコンに ついて、知って いますか。」
B「わたしも 知りません。電気屋で ___ ___ ★ ___
と 思いますよ。」
　　1　わかる　　2　カタログを　　3　読めば　　4　もらって

もんだい3　21 から 25 に 何を 入れますか。文章の 意味を 考えて、1・2・3・4から いちばん いい ものを 一つ えらんで ください。

下の文章はドンさんが鈴木さんに送ったEメールです。

鈴木さん

　きのうは どうも ありがとう ございました。とても 楽しかったです。鈴木さんの 友だちも とても 明るくて、やさしいですね。帰るとき、田中さん 21 石田さんが 新宿駅まで 連れていって くれました。 22 まよわないで 帰ることが できました。もう 何回も 鈴木さんの うちに 行っている 23 、まだ 帰り道が 覚えられません。

　田中さんは、どんな ところでも、一度 24 、ぜったいに 忘れないそうですよ。すごいですね。

　また パーティーを する ときは、ぜひ 25 ね。それでは また。

ドン

21　1　と　　2　も　　3　が　　4　に

22　1　それでは　　2　それで　　3　しかし　　4　たとえば

23　1　し　　2　から　　3　と　　4　のに

24　1　歩くように　　2　歩けるから　　3　歩いたら　　4　歩くのに

25　1　呼んでいます　　2　呼びましょう
　　3　呼びます　　　　4　呼んでください

もんだい4 つぎの（1）から（4）の文章を読んで、質問に答えてください。
答えは、1・2・3・4からいちばんいいものを一つえらんでください。

（1）

> お願い
> ・教室のエアコンの温度は、夏は25度、冬は22度です。上げたり下げたりすることはできません。電源のボタン以外にはさわらないでください。
> ・エアコンの使用中に窓を開けると、故障の原因になります。外の空気を入れたいときは、エアコンを消してから窓を開けてください。

26 してもいいことは何ですか。
1 エアコンの温度を変えること
2 電源のボタンを押すこと
3 エアコンを使いながら、窓から外の空気を入れること
4 先に窓を開けてから、エアコンをつけること

（2）

> お疲れさまです。
> 今晩の食事会の店が変わりました。
> ちょっとわかりにくい場所なので、駅からいっしょに行きましょう。
> 18時に駅前の大きい時計のところで待っています。
> 遅れそうだったら、私か森下さんに電話をください。
> それでは、またあとで。
>
> 　　　　　　　　　　　　　　　　　　　　　　　　山川　14：00

27　このメモをもらった人は、17時50分に仕事が終わりました。ここから駅まで20分かかります。このあと、どうしたらいいですか。

1　すぐ自分で食事の店に行きます。
2　駅前で山川さんを待ちます。
3　山川さんか森下さんに電話をかけます。
4　山川さんから電話が来るのを待ちます。

（3）

タンさん

こんにちは。上山です。
先週のタンさんのレポート、とてもよくできていました。

今日は、1つお願いがあります。
クラスのトミーさんは同じ寮に住んでいますね。
トミーさんに電話をかけても出ませんし、メールを送っても返事がありません。
申し訳ないのですが、トミーさんが部屋にいたら、私に連絡をするように伝えてください。
もし、旅行などをしていたら、タンさんから私に教えてください。
よろしくお願いします。

上山
kamiyama@abk.ac

28 上山先生がタンさんにお願いしたいことは何ですか。
1 次のレポートを書くこと
2 トミーさんの部屋へ行ってみること
3 旅行をすること
4 授業をすること

(4)
　私はパン屋でパンを作っています。毎日作っていますが、作り方は毎日少しずつ違います。気温がどのくらいか、空気が乾いているか、そんなことも考えながら、焼く前の時間の長さや、水の量を変えなければなりません。それで、うまくできることもあるし、まあまあなこともあります。そんなとき、「ああ、パンは生き物だなあ」と思います。

[29] 「ああ、パンは生き物だなあ」と思うのはどうしてですか。
　　1　作るのに長い時間が必要だから
　　2　空気と水が必要だから
　　3　おいしいものができるから
　　4　いつも同じではないから

もんだい5 つぎの文章を読んで、質問に答えてください。
答えは1・2・3・4からいちばんいいものを一つえらんでください。

> 私の町は大きい川の近くにあります。昔から水のきれいな川でした。魚やカニがたくさんいて、鳥も集まってきます。川の水は、飲み水や生活、米作りにも使われています。
>
> 40年ぐらい前に、この川の近くに大きい工場ができました。町の人は「働くところができてよかった」と思いました。でも、「川が汚くなったら困る」と①心配した人もおおぜいいました。ちょうどそのころ、日本中のいろいろなところでそのような問題が起きていて、魚がとれなくなったり、病気になる人も出たりしていたからです。
>
> 会社は、「工場では川の水をたくさん使います。でも、使ったあとで、はじめの川の水よりきれいにしてから川に戻します」と説明しました。そして、会社は約束を守りました。
>
> 私はこの川が大好きです。きれいな川を、将来の子どもたちにも残したいです。人間だけではなく、ここに住んでいる生き物たち全部に残したいです。同じ考えの人がおおぜいいますから、きっと②できると思っています。

30 この川はどんな川ですか。
1 昔も今もきれいな川
2 昔はきれいだったが、今は汚い川
3 昔は汚かったが、今はきれいな川
4 昔も今も汚い川

31 ①心配した人はどうして心配しましたか。
1 働くところが少ないから
2 この川が汚くなったから
3 いろいろなところで川が汚くなっていたから
4 会社の人が説明したから

32 会社の人はどんな約束をしましたか。
1 工場を作る約束
2 働くところを作る約束
3 川の水をたくさん使う約束
4 川の水をきれいにして戻す約束

33 ②できると思っているのはどんなことですか。
1 工場で使った水をきれいにすること
2 会社が約束を守ること
3 川を汚くしないこと
4 同じ考えの人を増やすこと

もんだい6 つぎのAとBを見て、質問に答えてください。
答えは1・2・3・4からいちばんいいものを一つえらんでください。

34 青川中学校でバスケットボールをします。ボールのお金と体育館用のくつは必要ですか。
1 ボールのお金も、体育館用のくつも必要です。
2 ボールのお金は必要ですが、体育館用のくつは必要ありません。
3 ボールのお金は必要ありませんが、体育館用のくつは必要です。
4 ボールのお金も、体育館用のくつも必要ありません。

35 水曜日にテニスをしたいです。どうすればいいですか。
1 市役所のスポーツ係に電話で申し込みます。
2 市役所のスポーツ係に行って申し込みます。
3 赤山中学校に18時に行きます。
4 青川中学校に15時に行きます。

A

スポーツをしませんか。

・市内の中学校で、どなたでもスポーツができます。
・申し込みはいりません。始まる時間までに、会場に行ってください。
・費用は無料です。
・道具は借りることができますが、卓球（ピンポン）のボールが必要な人は、1つ100円で買ってください。
・体育館を使う場合は、体育館用のくつを必ず持ってきてください。
・準備・片付け・掃除は、時間内にみんなでいっしょに行ってください。
・わからないことがあれば、市役所のスポーツ係（電話：13-946-2171）にお聞きください。

B

バスケットボール	赤山中学校（体育館）	火	18時～21時
	青川中学校（校庭）	土	15時～18時
バレーボール	白海中学校（体育館）	火	18時～21時
	青川中学校（体育館）	木	18時～21時
テニス	赤山中学校（校庭）	水	18時～21時
	白海中学校（校庭）	金	18時～21時
卓球（ピンポン）	青川中学校（体育館）	水	18時～21時
	白海中学校（体育館）	木	18時～21時
	赤山小学校（体育館）	土	15時～18時

N4 模擬試験

N4

聴解

（35分）

もんだい1

もんだい1では、まず しつもんを 聞いて ください。それから 話を 聞いて、もんだいようしの 1から4の 中から、いちばん いい ものを 一つ えらんで ください。

1ばん

1 レストランを よやくする
2 りょうりを スーパーで 買う
3 りょうりを 作る
4 飲みものを 買う

2ばん

1 うけつけに 行く
2 ばんごうの かみを とる
3 名前を 書く
4 カードを 作る

3ばん

1

2

3

4

4ばん

1 ばしょを 見てから、電話する
2 電話を してから、しけんを うける
3 ばしょを 見てから、えいごの べんきょうを する
4 電話を してから、えいごの べんきょうを する

5ばん

1 水を やりすぎない こと
2 水を じゅうぶん やる こと
3 1日に 3回、毎日 水を やる こと
4 あつくなったら 毎日 水を やる こと

6ばん

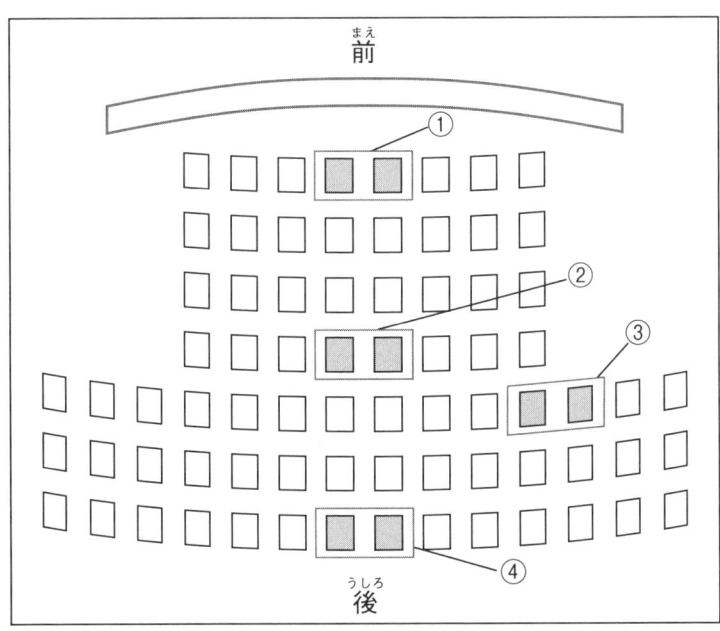

7ばん

1　おおさかへ　行く
2　かいぎを　する
3　チケットを　よやくする
4　データを　チェックする

8ばん

1

2

3

4

もんだい2

　もんだい2では、まず　しつもんを　聞いて　ください。そのあと　もんだいようしを　見てください。読む　時間が　あります。それから　話を　聞いて、もんだいようしの　1から4の　中から、いちばん　いい　ものを　一つ　えらんで　ください。

1ばん

1　じぶんたちで　きめた　ところへ　行く　こと
2　きょうしつで　できない　ことを　する　こと
3　先生は　いっしょに　行かない　こと
4　友だちと　いっしょに　見学する　こと

2ばん

1　ダンスが　好きだから
2　ダイエットを　したいから
3　学校で　ダンスを　おしえるから
4　ストレスが　おおいから

3ばん

1　ねだんが　高いから
2　サービスが　わるいから
3　買わなくても　あるから
4　しなものが　よくないから

4ばん

1　午前　10時から
2　午前　11時から
3　午後　1時から
4　午後　4時から

5ばん 🎧72

1　しごとが いそがしいから
2　お金が ないから
3　友だちと りょこうするから
4　りょうしんに 会いたいから

6ばん 🎧73

1　毎日 作る
2　あさ はやく おきた とき 作る
3　外で 食べる とき 作る
4　前の 日に りょうりを した とき 作る

7ばん 🎧74

1　たまごが きらいだから
2　おなかが いっぱいだから
3　この 人の 体に よくないから
4　明日 びょういんへ 行くから

もんだい3

　もんだい3では、えを 見ながら しつもんを 聞いて ください。➡（やじるし）の 人は 何と いいますか。1から3の 中から、いちばん いい ものを 一つ えらんで ください。

1ばん

2ばん

3ばん

4ばん

5ばん

もんだい4

　もんだい4では、えなどが ありません。まず ぶんを 聞いて ください。それから その へんじを 聞いて、1から3の 中から、いちばん いい ものを 一つ えらんで ください。

— メモ —

1ばん 🎧80

2ばん 🎧81

3ばん 🎧82

4ばん 🎧83

5ばん 🎧84

6ばん 🎧85

7ばん 🎧86

8ばん 🎧87

文型さくいん　Sentence Pattern Index

	文型	番号	ページ
あ	あげる	18	p.44
	あの	26	p.55
	あれ	26	p.55
い	[意向形] V-よう	63	p.111
	いたします*	89	p.153
	いただく	79	p.135,153
	いらっしゃる	83	p.140
う	うかがう	89	p.153
	[受身形] V-られる①	14	p.38
	[受身形] V-られる②	29	p.59
	[受身形] V-られる③	49	p.89,109
お	お〜	78	p.135
	お〜いたします*	77	p.131
	お〜ください	88	p.151
	お〜する	77	p.129
	おっしゃる	83	p.140
	おVになる	87	p.145
	お目にかかる	89	p.153
	お休みになる	83	p.140
	おります*	89	p.153
か	[疑問詞]〜か	23	p.52
	〜がいちばん…	84	p.142
	Nがする	31	p.62
	V方	4	p.22
	〜かどうか	7	p.25

	文型	番号	ページ
か	[可能形] V-できる	12	p.31
	〜かもしれない	44	p.82
き	聞こえる	12	p.32
く	くださる	60	p.108,140
	くれる	60	p.108
こ	ご〜	78	p.135
	ご〜いたします*	77	p.131
	ご〜ください	88	p.151
	ございます*	68	p.121
	ご〜する	77	p.129
	ご存じだ	83	p.140
	Vことができる	6	p.24
	Vことにする	21	p.47
	Vことになっている	86	p.144
	Vことになる	45	p.83
	ご覧になる	83	p.140
さ	Aさ	62	p.110
	さしあげる	18	p.44,153
し	〜し、〜し	56	p.99
	[使役形] V-させる	67	p.115
	N中	82	p.139
	[条件形] V-ば	38	p.73
す	〜すぎ	54	p.98
	〜すぎる	54	p.98
そ	〜そうだ①	2	p.19
	〜そうだ②	37	p.73

200

そ	～そうだ③	51	p.93
	～そうだ④	81	p.138
	その	26	p.54
	それ	26	p.54
	[尊敬形] V-られる	80	p.136
	存じております*	89	p.153
	存じません*	89	p.153
た	Vたことがある	22	p.50
	Vたほうがいい	20	p.46
	～ために	65	p.113
	～たら、…	11	p.29
	～たらいい	43	p.81
	～だろう？	33	p.65
ち	N中	82	p.139
つ	～って	59	p.106
	Vつもりだ	66	p.114
て	Vて、… ①	8	p.26
	～て、… ②	53	p.96
	Vてあげる	18	p.44
	Vてある	40	p.76
	Vていただく	67	p.116,135
	Vていらっしゃる	83	p.140
	Vている	30	p.61
	Vておく①	42	p.79
	Vておく②	50	p.93
	Vております*	89	p.153

て	Vてくださる	60	p.108
	Vてくれる	60	p.107
	Nでございます*	68	p.120
	Vてしまう①	10	p.28
	Vてしまう②	39	p.75
	～でしょう	41	p.77
	～でしょう？	33	p.64
	～でしょうか	70	p.122
	Vてはいけない	91	p.156
	Vてほしい	93	p.159
	Vてみる	1	p.18
	[疑問詞] ～ても	52	p.95
	～ても、…	52	p.94
	Vてもいい	17	p.43
	Vてもよろしい	17	p.43
	Vてもらう	36	p.70,91,116
	Vてもらえる	36	p.71
と	～と、…	24	p.52
	～といい	43	p.80
	～という意味	13	p.37
	～と言っていた	35	p.70
	Vところだ	32	p.63
	N1とN2と、どちらが～か	71	p.123
な	Vな	57	p.104
	Vないで、…	9	p.27

な	～なくて、…	53	p.96
	Vなくてはいけない	16	p.41
	Vなくてはならない	16	p.41
	Vなくてもいい	19	p.45
	Vなくてもかまわない	19	p.45
	Vなくなる	85	p.143
	Vなければならない	16	p.41
	Vなさい	58	p.106
	なさる	83	p.140
	Nなら、…	90	p.154
に	Vにくい	76	p.128
	Nにする	74	p.126
の	～の	46	p.87
	～のが	27	p.55
	～ので、…	5	p.23
	～のに、…	15	p.39,96
	Vのに	28	p.58
	～のは	27	p.56
	Nのほうが	72	p.124
は	～ば、…	38	p.73
	～ばいい	43	p.81
	拝見する	89	p.153
	N1はN2より～	25	p.54
ま	まいります*	89	p.153
み	見える	12	p.32
め	［命令形］V-しろ	58	p.105
	召し上がる	83	p.140

も	申し上げる	89	p.153
	申します*	89	p.153
	もらう	36	p.72
や	Vやすい	75	p.128
	やる	18	p.44
よ	～ようだ	47	p.87
	Vようと思っている	64	p.112
	Vように	55	p.99,114
	Vようにしている	92	p.157
	Vようにしてください	92	p.158
	Vようにする	92	p.157
	Vようになる①	61	p.109
	Vようになる②	85	p.143
	N1よりN2のほうが	73	p.125
ら	～らしい	34	p.69
ん	～んじゃない？	48	p.88
	～んだ	46	p.87
	～んです	3	p.21
	～んですが	69	p.121

＊一部の謙譲語は、辞書形で使われることがほとんどないため、ます形で表記しています。

似ている文型リスト〈N4レベル〉 Similar Sentence Pattern List 〈Level N4〉

文型	例文	レベル	番号	ページ
～そうだ	外は、寒そうです。	N4	2	p.19
	留学生はこれからふえそうです。	N4	37	p.73
	空が暗くなってきた。雨が降りそうです。	N4	51	p.93
	動物園でパンダの赤ちゃんが生まれたそうです。	N4	81	p.138
～て、…	毎朝6時に起きて、顔を洗って、新聞を読みます。	N5		
	シートベルトをして運転してください。	N4	8	p.26
	けっこん式でひさしぶりに友だちに会えて、楽しかったです。	N4	53	p.96
～ている	小林さんはあそこで本を読んでいますよ。	N5		
	私は毎朝牛乳を飲んでいます。	N5		
	あ、さいふがおちていますよ。だれのでしょうか。	N4	30	p.61
	A：リンさんは、来ましたか。 B：いいえ、まだ来ていません。	N5		
～ておく	旅行に行く前に、ホテルをよやくしておきます。	N4	42	p.79
	A：この資料、片付けてもいいですか。 B：まだ使いますから、そのままにしておいてください。	N4	50	p.93
～てしまう	今日の宿題はもう全部やってしまいました。	N4	10	p.28
	電車の中にかさを忘れてしまいました。	N4	39	p.75
～にする	ストーブをつけて、部屋をあたたかくしましょう。	N5		
	A：来週京都に行くとき、バスで行きますか。それとも新幹線にしますか。 B：新幹線にします。	N4	74	p.126
	最近、目が悪くなったので、めがねをかけることにしました。	N4	21	p.47
～になる	もう春ですね。あたたかくなりました。	N5		
	来月ニューヨークへてんきんすることになりました。	N4	45	p.83
	来週の月曜日、友だちと映画を見ることになっています。	N4	86	p.144
ほしい	私は新しいパソコンがほしいです。	N5		
	来週のよていがわかったら、すぐに私に知らせてほしいんですが…。	N4	93	p.159

〜ように	やくそくの時間に遅れないように、早く家を出ました。	N4	55	p.99
	A：けんこうのために、少し運動したほうがいいですよ。 B：じゃ、これから毎日1時間くらい歩くようにします。	N4	92	p.157
	日本へ来たときは、なっとうが食べられませんでしたが、今は食べられるようになりました。	N4	61	p.109
	日本へ来てから、自分で料理を作るようになりました。	N4	85	p.143
〜られる	私はスミスさんにパーティーにしょうたいされました。	N4	14	p.38
	今夜ここでパーティーが開かれます。	N4	29	p.59
	私は犬に手をかまれました。	N4	49	p.89
あげる	私は日本人の友だちに国のおかしをあげました。	N4	18	p.44
	私はきのう妹にゲームを買ってあげました。	N4	18	p.44
	私は先生に国のおみやげをさしあげました。	N4	18	p.44
もらう	たんじょう日に友だちにプレゼントをもらいました。	N4	36	p.72
	私は友だちに新幹線のチケットのよやくのし方を教えてもらいました。	N4	36	p.70
	大川さんからお礼の手紙をいただきました。	N4	79	p.135
	きのう部長にお昼をごちそうしていただきました。	N4	79	p.135
くれる	姉はいつも私におかしをくれます。	N4	60	p.107
	子どものとき、祖母はよく私に本を読んでくれました。	N4	60	p.107
	部長はけっこんのおいわいにきれいな絵をくださいました。	N4	60	p.107
	先生はいい大学をしょうかいしてくださいました。	N4	60	p.107

N4 「できること」リスト　N4 Can Do List

章	タイトル	できること	文法項目	
1	あいさつの言葉 Greeting vocabulary	●基本的なあいさつや決まった表現を言うことができる。 Use basic greetings and standard phrases. ●あいさつされたときに決まった受け答えができる。 Give standard responses when greeted.		
2	おかし作り Making sweets	●手作りの物などを謙遜しながらすすめることができる。 Humbly recommend hand-made things and the like. ●手作りの物などについて説明することができる。 Explain hand-made things and the like.	1　食べてみてください 2　おいしそうです 3　作ったんですか 4　作り方 5　作り方を習ったので 6　作ることができる 7　おいしいかどうか 8　このフルーツソースをかけて 9　かわをむかないで 10　全部食べてしまった 11　時間があったら 12　かんたんに作れます	
3	けっこん式 A wedding	●言葉などの意味を簡単に説明できる。 Simply explain the meaning of words and the like. ●習慣や規則について説明したり質問したりできる。 Explain and ask about customs and rules. ●習慣について説明したり質問したりできる。 Explain and ask about customs and rules. ●習慣などについてアドバイスをすることができる。 Give advice about customs and the like.	13　名前という意味です 14　けっこん式にしょうたいされた 15　けっこん式は6月なのに 16　席を決めなければなりません 17　だれが参加してもいい 18　どんなものをあげるんですか 19　あげなくてもいい 20　あげたほうがいい 21　あげることにします	
4	私の町ハノイ I'm from Hanoi	●出身地を話題にして紹介することができる。 Talk about where you are from.	22　行ったことがありますか 23　どんなところか知っていますか 24　7月になると 25　ハノイは東京よりずっと小さいです 26　その湖のまわり 27　散歩するのが好きです 28　歩くのに1時間かかりません 29　かめがさだされています	

205

4	私の町ハノイ I'm from Hanoi	●出身地の場所や人の様子、有名な物などを説明できる。 Talk about topics such as the appearance or state of places and people where you are from and what is famous there.	30 31 32 33	屋台がたくさん並んでいます いいにおいがします 食べているところです おいしそうでしょう？
5	ハイキングの計画 Hiking plans	●聞いてきた情報を話題にして話すことができる。 Talk about information you have heard. ●旅行の誘いや提案に対して、心配な気持ちを表すことができる。 Express feelings of worry / concern about a suggestion or invitation to go on a trip. ●条件などを説明して、相手の心配をやわらげることができる。 Explain conditions and the like to ease the other person's worries / concerns. ●旅行の計画を話題にして、必要な準備や希望などについて話せる。 Talk about travel plans: what you have to prepare, want to do, and so forth.	34 35 36 37 38 39 40 41 42 43 44 45	始まったらしいです きれいだと言っていました 連れていってもらいました 疲れそうです ケーブルカーを使えば 道がわからなくなってしまった ガイドブックに書いてあります 大丈夫でしょう 調べておきます いい天気だといいですね 行きたい人がいるかもしれません 行くことになりました
6	木の上の子ねこ A cat in the tree	●友だちに対して、事情説明を求めることができる。 Ask a friend to explain a situation. ●友だちに対して、自分が困ったことについて事情を説明できる。 Explain a difficult situation you had to a friend. ●友だちに事情を説明したり感想を言ったりできる。 Explain situations to a friend and state your impressions. ●けがなどをした友だちを気遣い、アドバイスができる。 Express concern and offer advice to a friend who, for example, has sustained an injury.	46 47 48 49 50 51 52 53 54 55 56	どうしたの？ 赤くなっているようだ 手をのばしても 行ったほうがいいんじゃない？ 子ねこにかまれたんだ そのままにしておいた おちそうだった 手をのばしても けがをしなくて、よかった やさしすぎる 悪くならないように ちょっとかまれただけだし、もう痛くないし
7	大好きなピアノ I love the piano	●趣味や習い事を話題にして、注意されたことや上達したことについて話すことができる。 Discuss accomplishments and received advice in discussions about hobbies and studies.	57 58 59 60 61	あそびに行くな 練習しろ って毎日言われて 教えてくれた ひけるようになった

#	Title	Goals	#	Phrase
7	大好きなピアノ I love the piano	●趣味や習い事について、自分が考えている今後の希望や計画が言える。 Talk about your future hopes or plans about your hobbies or studies.	62 63 64 65 66 67	ピアノの楽しさ 練習 **しよう** **しようと思っています** 父のために ひく**つもりです** 子どもに習わせたい
8	旅館のよやく Booking a room at a traditional inn	●電話で、係の人に自分の希望を伝えたり、質問したりして、予約することができる。 Express your desires, ask questions and make a reservation over the phone with a clerk. ●電話で、係の人の説明を理解して対応することができる。 Understand a clerk's explanation over the phone and respond to it.	68 69 70 71 72 73 74 75 76 77	山下旅館でございます お願いしたいんですが いつでしょうか 和室と洋室とどちらがよろしいでしょうか 和室の**ほうがいい** 洋室**より**和室**のほうが**少し広いです 和室にします 道はわかり**やすいと思う** わかり**にくいかもしれません** **お待ちしています**
9	ゆうしょうインタビュー A post-victory interview	●インタビューなどでていねいな質問を聞いて、理解することができる。 Listen and understand polite questions, such as in an interview. ●インタビューなどでていねいな質問に対して受け答えることができる。 Respond to questions, such as in an interview. ●インタビューなどでていねいな質問を聞いて、理解することができる。 Listen and understand polite questions, such as in an interview. ●自分の感想や今後の予定を言うことができる。 Talk about your impressions and future plans.	78 79 80 81 82 83 84 85 86 87	**お**気持ち **お**ちえんし**ていただいた** いんたいされる いんたいされる**そうです** 試合**中** 考えて**いらっしゃいました** せんしゅ生活で何がいちばんよかったですか プレーする**ようになりました** 教える**ことになっています** ゆっくり**お**休み**になって**
10	アルバイトのめんせつ An interview for a part-time job	●アルバイトの面接を受け、専攻や経験などを含め、ていねいに自己紹介ができる。 Attend an interview for a part-time job and politely talk about yourself, including your specialties, experience and so forth. ●アルバイトの面接を受け、案件や注意事項などを聞いて理解することができる。 Attend an interview for a part-time job and listen to and understand conditions, cautions and the like.	88 89 90 91 92 93	**お**入りください アメリカからまいりました TOEFLのクラスなら大丈夫 使っ**てはいけない** 話さ**ないようにします** 来**てほしい**

〈著者紹介〉
ＡＢＫ（公益財団法人 アジア学生文化協会）

　ＡＢＫは、1957年に作られ、日本語学校と留学生寮を運営している組織です。日本とアジア諸国の青年学生が共同生活を通じて、人間的和合と学術、文化および経済の交流をはかることにより、アジアの親善と世界の平和に貢献することを目的としています。学校では大学、大学院、専門学校への進学、就職などの学生のニーズに合わせて、日本語能力試験、日本留学試験の対策とともに、運用力をつける工夫をしながら、日本語教育を行っています。執筆者は全員ＡＢＫで日本語教育に携わっている講師です。姉妹団体に学校法人ＡＢＫ学館日本語学校（ABK COLLEGE）もあります。

監　修：町田恵子
執筆者：津村知美・内田奈実・橋本由子
協力者：新井直子・遠藤千鶴・大野純子・掛谷知子・勝尾秀和・亀山稔史・國府卓二・
　　　　新穂由美子・成川しのぶ・萩本擂子・服部まさ江・福田真紀・藤田百子・
　　　　星野陽子・向井あけみ・森川尚子・森下明子・吉田菜穂子

TRY！ 日本語能力試験N4　文法から伸ばす日本語
【音声ダウンロード版】［改訂版］

2013年 3 月31日	初版	第1刷発行
2014年 4 月30日	改訂版	第1刷発行
2023年 5 月25日	音声ダウンロード版	第1刷発行
2025年 9 月 5 日	音声ダウンロード版	第4刷発行

翻　　訳	株式会社ラテックス・インターナショナル
イラスト・DTP	朝日メディアインターナショナル株式会社
カバーデザイン	岡崎裕樹（アスク）
ナレーション	沢田澄代　遠近孝一
録音・編集	スタジオ グラッド
発 行 人	天谷修身
発　　行	株式会社 アスク 〒162-8558 東京都新宿区下宮比町2-6
印刷・製本	日経印刷株式会社

乱丁・落丁はお取替えいたします。許可なしに転載・複製することを禁じます。

書籍に関するお問い合わせ
PC https://ask-books.com/support/

Smartphone

©ABK 2014　Printed in Japan　ISBN 978-4-86639-633-0

やってみよう！ 答え

1 あいさつの言葉

▶問題p.17

1) **2** 🎧06
M：すみません。これください。
F：1　はい、お大事に。
　　2　はい、かしこまりました。
　　3　よくいらっしゃいました。

2) **2** 🎧07
F：いってらっしゃい。
M：1　行ってきました。
　　2　行ってきます。
　　3　いってらっしゃい。

3) **1** 🎧08
M：ただいま。
F：1　お帰りなさい。
　　2　お帰りください。
　　3　帰りますか。

4) **2** 🎧09
F：かぜで、ちょっと頭が痛くて…。
M：1　おかげさまで。
　　2　大丈夫ですか。
　　3　お世話になります。

2 おかし作り

1
▶問題p.19
1) 入って
2) して
3) 見て
4) 着て
5) 飲んで

2
▶問題p.20
1) 高・安
2) 忙し・ひま
3) やさし・きびし

3
▶問題p.21
1) 下手な
2) 出す
3) 痛い
4) わからない

4
▶問題p.22
1) 着方
2) 使い方
3) あそび方
4) 話し方

5
▶問題p.23
1) 好きな
2) 日曜日な
3) こわれた
4) 遠い

6

▶問題p.24

1) 自転車に乗ることができません
2) 泳ぐことができません
3) 修理する／直す／作ることができます
4) 1000円で映画を見ることができます

7

▶問題p.25

1) 休み
2) おいしい
3) できる
4) 行く

8

▶問題p.27

1) ぼうしをかぶって
2) コートを着て
3) お弁当を持って
4) ドレスを着て／手袋をして／ネックレスをして

9

▶問題p.28

1) 入れないで
2) ささないで
3) あびないで
4) 見ないで

10

▶問題p.29

1) やって
2) 書いて
3) 買って
4) 行って

11

▶問題p.30

1) 来たら
2) 雨だったら
3) 近かったら
4) 終わったら
5) なったら
6) 休んだら

12

▶問題p.32

1) ひけます
2) 見学できます
3) 来られます
4) 乗れます

▶問題p.33

1) 見えます
2) 見られます
3) 聞こえます
4) 聞けます

3 けっこん式

13

▶問題p.37

1) トイレがある
2) 赤ちゃんがいる
3) 今いない

14

▶問題p.38

1) 呼ばれ
2) 起こされ
3) 聞かれ

15

▶問題p.40

1) d
2) b

3) c
4) e

16
▶問題 p.41
1) かぶら
2) 書か
3) し
4) 取ら

17
▶問題 p.43
1) 止めて
2) 入って
3) 開けて
4) 借りて

19
▶問題 p.45
1) 出さなくて
2) 起きなくて
3) 洗わなくて
4) 飲まなくて

20
▶問題 p.46
1) 飲まない
2) そうだんした
3) 止めない
4) 勉強した・寝た

21
▶問題 p.47
1) 走る
2) 食べない
3) する・作る
4) 吸わない

4 私の町ハノイ

22
▶問題 p.51
1) とまった
2) 見学した
3) 乗った
4) 着た

23
▶問題 p.52
1) 必要
2) ない
3) だった
4) 来る

24
▶問題 p.53
1) ない
2) 曲がる
3) 降らない
4) 押す
5) 渡る
6) 古いパソコンだ

25
▶問題 p.54
1) 北海道・九州
2) スカイツリー・東京タワー
3) 姉・私

26
▶問題 p.55
1) それ
2) あの
3) その

27

▶問題 p.56
1) 運ぶの（を）
2) 走るの（が）
3) そうじするの（が）
4) 泳いだの（を）
5) 読むの（は）・読むの（は）
6) 旅行するの（は）

▶問題 p.57
1) 行く
2) ほしい
3) にぎやかな
4) 休んだ

▶問題 p.58
1) の
2) こと
3) の

28

▶問題 p.58
1) のに
2) ので
3) のに
4) ので・のに

29

▶問題 p.59
1) ゆしゅつされて
2) 言われて
3) 開かれ
4) 歌われ
5) かかれ

30

▶問題 p.61
1) やぶれて
2) ぬれて
3) こわれて
4) おれて

31

▶問題 p.62
1) におい
2) 味
3) 音

32

▶問題 p.63
1) 書いている
2) 降りた
3) 出る

33

▶問題 p.64
1) おもしろい
2) 疲れた
3) がんばった
4) かわいい

5 ハイキングの計画

34

▶問題 p.69
1) いい
2) 忙しい
3) 合格した
4) あった

35

▶問題 p.70
1) 部長はアメリカへ出張する
2) 佐藤さんは駅前のレストランはおいしい
3) 朝のテレビで午後はいい天気になる

36

▶問題 p.71
1 1) 雨の日にかさを貸して
   2) 日本の着物の着方を教えて
   3) すてきな歌を歌って
   4) おいしい料理を作って

2 1) あげ
   2) もらい
   3) あげ
   4) もらい

➕ Plus

▶問題 p.72
1) もらった
2) あげる
3) もらった
4) あげた

37

▶問題 p.73
1) にぎやかになり
2) かかり
3) かち
4) 遅くなり

38

▶問題 p.74
1) 使えば
2) 忙しければ
3) 出れば
4) よければ
5) 3歳以下なら
6) わからなければ

39

▶問題 p.75
1) なくして
2) 遅れて
3) まよって
4) 忘れて

40

▶問題 p.76
1) かざって
2) はって
3) 置いて／並べて
4) 入れて

41

▶問題 p.77
1) むり
2) 来る
3) おいしい
4) ない

42

▶問題 p.80
1) 読んで
2) れんらくして
3) 勉強して
4) 復習して

43

▶問題 p.81
1) 見つかる
2) いい
3) もらえる
4) かてる

44

▶問題p.82

1) 100点
2) ある
3) 病気
4) 忘れている

45

▶問題p.83

1) 留学する
2) 作る
3) 受けられる
4) しない

6 木の上の子ねこ

47

▶問題p.88

1) ひいた
2) あそんでいる
3) きらいな
4) るすの

48

▶問題p.89

1) はでな
2) 忘れた
3) 早い
4) いい

49

▶問題p.90

1) ふまれ
2) 見られ
3) こわされて
4) 泣かれて

▶問題p.91

1) ひいてもらいました
2) 見られて
3) 連れていってもらいました
4) 持ってもらいました
5) 持っていかれて

50

▶問題p.93

1) 出しておいて
2) 置いておいて
3) 開けておいて

51

▶問題p.94

1) 消え
2) なくなり
3) おち
4) 遅れ

52

▶問題p.95

1) 行っても／急いでも
2) 上手じゃなくても
3) 英語ができなくても
4) 車でも
5) 古くても

▶問題p.96

1) どこ
2) 何
3) いつ

53

▶問題p.97

1) 止まって
2) 台風で
3) なくて

4）きれいで
5）からくて

54
▶問題p.98
1）買い
2）飲み
3）あま
4）かんたん
5）大き

55
▶問題p.99
1）聞こえる
2）ひかない
3）間に合う
4）なる
5）歌える

56
▶問題p.100
1）見られる・ある
2）軽い・いい
3）できる・まじめだ
4）日曜日だ・いい

7 大好きなピアノ

57
▶問題p.104
1）するな
2）止めるな
3）吸うな
4）撮るな

58
▶問題p.106
1）歩け
2）来い
3）片付けろ
4）曲がれ

59
▶問題p.107
1）×
2）って
3）って
4）って

60
▶問題p.108
1）くれて
2）くれた
3）もらい

61
▶問題p.109
1）泳げる
2）運転できる
3）食べられる
4）読める

62
▶問題p.110
1）便利さ
2）寒さ
3）重さ
4）やさしさ

63
▶問題p.112
1）作ろう
2）食べに行こう

3) 手伝おう
4) 帰ろう

64

▶問題 p.112

1) しょうたいしよう
2) 泳ごう
3) 作ろう
4) 行こう

65

▶問題 p.113

1) 見学する
2) 送る
3) 将来の
4) 外国人の

66

▶問題 p.114

1) やめる
2) 行かない
3) する
4) 作る

67

▶問題 p.116

1) 本とノートをかばんにしまわせました
2) ごみを捨てさせました
3) （を）社長室に来させました
4) （を）アメリカに出張させました
5) （に）上村さん／くんの世話をさせました

8 旅館のよやく

69

▶問題 p.122

1) b
2) d
3) c
4) a

70

▶問題 p.123

1) むりでしょうか
2) 送ってもいいでしょうか
3) 何時でしょうか
4) 近いでしょうか

71

▶問題 p.123

1) AスーパーとBスーパーとどちらが安いですか
2) 午前と午後とどちらが忙しいですか
3) スキーとスノーボードとどちらが難しいですか
4) 肉料理と魚料理とどちらがおいしいですか

72

▶問題 p.124　※答えの例

1) お茶のほうが好きです／ジュースのほうが好きです／どちらも好きです／どちらも好きじゃありません
2) ご飯のほうがいいです／パンのほうがいいです／どちらでもいいです
3) 日本語のほうが上手に話せます／英語のほうが上手に話せます／どちらも上手に話せます／どちらも上手に話せません
4) すしのほうがいいと思います／てんぷらのほうがいいと思います／どちらでもいいと思います／どちらもよくないと思います

73

▶問題 p.125

1) のほうが寒い
2) のほうがからい

3）のほうが安い
4）のほうがいいです／のほうが早いです

74

▶問題p.126
1）いつ
2）ラーメン
3）外
4）タクシー

75

▶問題p.128
1）飲み
2）覚え
3）住み
4）われ

76

▶問題p.129
1）座り
2）使い
3）もえ
4）切り

77

▶問題p.130
1）お調べ
2）お作り
3）ご説明
4）お持ち

▶問題p.131
1）c
2）b
3）d
4）a

9 ゆうしょうインタビュー

79

▶問題p.136
1）歌っていただきました
2）ひいていただきました
3）いただきました
4）撮っていただきました

80

▶問題p.137
1）吸われます
2）聞かれます
3）出張されます
4）使われます

81

▶問題p.138
1）合格した
2）できる
3）弱かった
4）サッカーのせんしゅだった
5）上手だ

82

▶問題p.139
1）勉強中です／勉強中だ
2）研究中の
3）食事中な

83

▶問題p.141
1）おっしゃいました
2）いらっしゃいます
3）ご覧になりました
4）ご存じです

84

▶問題 p.143　※答えの例

1) 父、兄、弟　など
2) すし、キムチ、ボルシチ　など

85

▶問題 p.144

1) するように
2) 飲まなく
3) よく話すように
4) 歩かなく

86

▶問題 p.145

1) 美術館へ行く
2) お弁当を食べる
3) 学校へ帰る

87

▶問題 p.146

1) お買いになる
2) お使いになり
3) お休みになり
4) お帰りになる

10 アルバイトのめんせつ

88

▶問題 p.152

1) ごえんりょ
2) お召し上がり
3) ご注意
4) お使い

89

▶問題 p.154

1) お目にかかり・おります
2) うかがいます・いたします

90

▶問題 p.155

1) わかる
2) できる
3) すいて
4) 大丈夫です

91

▶問題 p.157

1) 止めて
2) 出して
3) 入って
4) 撮って

92

▶問題 p.158

1) 話す
2) 書く
3) 見る
4) 読む

93

▶問題 p.159

1) 安くして
2) ふやして
3) 休まないで
4) やめないで

11 便利な言葉

1 助詞

1

▶問題 p.164

1) **3**　2) **3**　3) **1**　4) **3**
5) **2**　6) **3**　7) **2**　8) **1**

9) **1**

2
1) **3** （2→4→**3**→1）
2) **1** （2→4→**1**→3）
3) **3** （4→1→**3**→2）
4) **1** （4→3→**1**→2）
5) **1** （2→4→**1**→3）

2 副詞

▶問題 p.166
1) **4**　2) **4**　3) **1**　4) **3**
5) **2**　6) **1**　7) **2**

3 指示語

▶問題 p.167
1) どう
2) どんな
3) こんなに

4 自動詞・他動詞

▶問題 p.169
1) 開いて・開けて
2) かかって・入る
3) おちて
4) 出ない
5) 並べて

まとめの問題 答え・スクリプト

2 おかし作り

▶問題 p.34

もんだい1
1　**3**　（4→1→**3**→2）
2　**3**　（2→4→**3**→1）
3　**2**　（1→4→**2**→3）
4　**4**　（2→1→**4**→3）

もんだい2
1　**1**
2　**4**
3　**3**
4　**1**

もんだい3

1
1　**4**　🎧12

男の人と女の人が話しています。男の人は今すぐ何をしますか。

M：すみません。コピー、すぐ終わりますか。
F：あ、すみません。もう少しかかります。
M：忙しそうですね。
F：ええ。これから会議なので、会議で使うのをコピーしているんです。
M：そうですか。じゃあ、部屋にいますから、コピーが終わったら呼んでください。
F：はい。わかりました。

男の人は今すぐ何をしますか。

2   4 🎧13
男の人と女の人が話しています。女の人は週末どうしますか。

> M：もしもし、田中さん。今週のアジアフェスティバルのことですが…。
> F：え、アジアフェスティバル、今週ですか？
> M：ええ、今度の日曜日ですけど、田中さんも行くでしょう？
> F：実は、日曜日は友だちが京都からあそびに来るんです。
> M：じゃあ、行けないんですか。
> F：でも、私も行きたいので、友だちにきょうみがあるかどうか聞いてみます。それから、またれんらくします。

女の人は週末どうしますか。

2

1   🎧14

> F：どうしたんですか。
> M：1　歯が痛いんです。
> 　　2　テニスをしました。
> 　　3　明日します。

3 けっこん式

▶問題 p.48

もんだい1
- 1　**3**　（2→4→**3**→1）
- 2　**1**　（4→2→**1**→3）
- 3　**1**　（2→3→**1**→4）
- 4　**1**　（2→4→**1**→3）
- 5　**4**　（2→3→**4**→1）
- 6　**1**　（4→3→**1**→2）
- 7　**2**　（3→4→**2**→1）

もんだい2
- 1　**3**
- 2　**1**

- 3　**1**
- 4　**1**

もんだい3

1   2 🎧17
女の人と男の人がそつぎょう式の会場でじゅんびをしています。男の人は今から何をしますか。

> F：あれ、林さん、どうしたんですか。
> M：みなさんに渡すプレゼントを忘れたんです。
> F：じゃあ、私が取ってきますよ。林さんはあいさつがあるんですから。
> M：すみません。じゃあ、お願いします。
> F：はい。林さん、そつぎょう式が始まるまで、少し休んだほうがいいですよ。
> M：ええ。でも、まだじゅんびをしなければなりませんから。

男の人は今から何をしますか。

2   1 🎧18
女の人と男の人が話しています。女の人はどうしてテキストをあげましたか。

> F：英語のテキスト、もう買った？
> M：ううん、まだ買っていない。今日バイトのきゅうりょうが出るから…。
> F：ちょうどよかった。これ、使って。
> M：え？　いいの？
> F：先輩にもらったんだけど、私、同じ時間の中国語の授業を受けたいから。
> M：ありがとう。じゃ、お礼はケーキで。今日の午後、どう？

女の人はどうしてテキストをあげましたか。

4 私の町ハノイ

▶問題 p.66

もんだい1
- 1　**1**　（2→4→**1**→3）

2	**3**	（1→2→**3**→4）
3	**3**	（1→4→**3**→2）
4	**3**	（2→1→**3**→4）
5	**2**	（3→1→**2**→4）
6	**4**	（2→1→**4**→3）

もんだい2

| 1 | **2** |
| 2 | **3** |

もんだい3

1 **1** 🎧21

男の人と女の人が話しています。2人は今、何をしていますか。

M：あ、写真ですか。見せてください。
F：ええ。それは、ちょうどバスを降りたところです。
M：ああ、そうですか。
F：後ろに山が見えるでしょう？ その山に登ったんです。登るのに3時間かかりました。
M：へえ、疲れたでしょう？
F：ええ。でも楽しかったですよ。こっちの写真は、山の上でご飯を食べているところです。

2人は今、何をしていますか。

2 **2** 🎧22

男の人と女の人が話しています。男の人はこの映画を見たことがありますか。

M：山田さん、今週の土曜日、映画に行きませんか。
F：どんな映画ですか。
M：『4月の雨』という映画です。前に一度見たことがあるんですが、とてもすてきな映画ですよ。
F：そうですか。その映画、どんな話か覚えていますか。
M：大学生のときの思い出の話です。いい映画ですよ。
F：そうですか。

男の人はこの映画を見たことがありますか。

5 ハイキングの計画

▶問題 p.84

もんだい1

1	**1**	（4→3→**1**→2）
2	**3**	（1→4→**3**→2）
3	**3**	（4→2→**3**→1）
4	**1**	（4→2→**1**→3）
5	**4**	（3→2→**4**→1）

もんだい2

1	**1**
2	**3**
3	**2**
4	**3**

もんだい3

1

1 🎧25

男の人と女の人が話しています。男の人は今日何をしましたか。

M：駅前に新しいレストランができたね。
F：うん。そうらしいね。鈴木さんが安くておいしいと言っていたよ。
M：明日行ってみない？ 実は今朝よやくしておいたんだ。
F：わあ、もうよやくしてあるんだ。それで、明日どこで会う？
M：12時に駅で。
F：わかった。
M：じゃ、明日。

男の人は今日何をしましたか。

2

[1] **1** 🎧26
F：中村さん、会議室のよやくは？
M：1　はい、もうしてあります。
　　2　はい、するかもしれません。
　　3　はい、もうすぐしそうです。

[2] **3** 🎧27
F：富士山へ行くの、明日だね。楽しみ。
M：1　うん。富士山らしいね。
　　2　うん。明日かどうか…。
　　3　うん。いい天気だといいね。

[3] **1** 🎧28
M：今年の夏休みはどうするの？
F：1　国へ帰ることにしたよ。
　　2　国へ帰るところですよ。
　　3　国へ帰ったことがあるよ。

6 木の上の子ねこ

▶問題 p.101

もんだい1
[1] **3** （2→4→**3**→1）
[2] **2** （4→1→**2**→3）
[3] **1** （3→2→**1**→4）
[4] **4** （2→1→**4**→3）
[5] **2** （4→3→**2**→1）
[6] **1** （4→3→**1**→2）

もんだい2
[1] **4**
[2] **3**
[3] **1**
[4] **1**

もんだい3

1

[1] **4** 🎧31
男の人と女の人が話しています。女の人が海外旅行でいちばん困ったことは何ですか。

M：はじめての海外旅行はどうだった？
F：実は、大変だったの。タクシーで道をまちがえられるし、買い物のときお金が足りなくなるし…。カードではらったけどね。
M：そう。
F：でもね、いちばん困ったのは、外国語での説明。トラブルがあっても、言葉がわかれば、説明できるんだけどね…。
M：そうだね。言葉は毎日少しでも勉強しておいたほうがいいね。

女の人が海外旅行でいちばん困ったことは何ですか。

[2] **1** 🎧32
女の人と男の人が話しています。男の人は明日まんがの本をどうしますか。

F：この間、貸したまんが、持ってきた？
M：あっ、ごめん。
F：えー。忘れないように、昨日メールしたし、今朝留守電にメッセージも入れたのに…。
M：ほんと？　今朝バイトがあって、留守電聞かなかった。
F：しょうがないな。今日ほかの友だちに貸すやくそくだったのに…。明日、かならず返してよ。
M：ごめん。

男の人は明日まんがの本をどうしますか。

2

[1] **3** 🎧33
F：ご家族と話せましたか。
M：1　いいえ、何回も電話すると出ないん

です。
2 いいえ、何回も電話したら出ないんです。
3 いいえ、何回電話しても出ないんです。

2 1 🎧34

M：明日は雪が降るらしいよ。
F：1 えー!? まだ11月なのに。
　　2 えー!? まだ11月のようだよ。
　　3 えー!? まだ11月かもしれない。

3 2 🎧35

M：お客さんをむかえに行ってきます。
F：1 じゃあ、私は部屋のじゅんびをするようです。
　　2 じゃあ、私は部屋のじゅんびをしておきます。
　　3 じゃあ、私は部屋のじゅんびをしました。

7 大好きなピアノ

▶問題 p.117

もんだい1

1 **1** （3→2→**1**→4）
2 **3** （4→2→**3**→1）
3 **4** （2→1→**4**→3）
4 **4** （2→1→**4**→3）
5 **4** （3→1→**4**→2）

もんだい2

1 **2**
2 **2**
3 **4**
4 **1**

もんだい3

1 **3**

2 **1**
3 **2**

もんだい4

1

2 🎧38

男の人と女の人が話しています。男の人はどうして女の人に注意しましたか。

M：ちょっと！ だめですよ。入口の前に止めては…。
F：え？ 自転車で学校へ来てはいけませんか。
M：ここはちゅうりん禁止ですよ。ほら、この紙を見てください。
F：これはどういう意味ですか。
M：「ここに自転車を止めるな」という意味ですよ。
F：そうですか。すみません。
M：学校の横に止めてくださいね。
F：はい、わかりました。

男の人はどうして女の人に注意しましたか。

2

1 **1** 🎧39

F：もしもし、うちの水道の水が止まらないんです。
M：1 じゃ、すぐだれか行かせます。
　　2 じゃ、すぐ止まります。
　　3 じゃ、すぐ来てください。

2 **1** 🎧40

F：試合、ざんねんだったね。
M：1 うん。でも次はぜったいかつつもりだよ。
　　2 うん。でも次はぜったいかつところだよ。
　　3 うん。でも次はぜったいかつかどうかだよ。

3　2　🎧41

M：あ、あれ有名なブランドの店だよ。
F：1　ちょっと、入りなさい！
　　2　ちょっと、入ってみる？
　　3　ちょっと、入りそうだね。

8 旅館のよやく

▶問題 p.132

もんだい1

1　**2**　（1→4→**2**→3）
2　**3**　（2→4→**3**→1）
3　**3**　（2→1→**3**→4）
4　**2**　（4→1→**2**→3）
5　**3**　（2→4→**3**→1）

もんだい2

1　**2**
2　**3**
3　**1**
4　**1**

もんだい3

1

　4　🎧44

男の人と女の人が話しています。男の人は今から何をしますか。

M：あの、大木先生は今日お休みでしょうか。
F：ああ、今日はいらっしゃいませんよ。
M：そうですか。じゃ、明日また来ます。
F：先生は今週大阪へ出張なんですよ。
M：そうですか。困ったなあ。ろんぶんのことで電話してもいいと思いますか。
F：そうですね。電話よりメールのほうがいいと思いますよ。
M：じゃ、そうします。

男の人は今から何をしますか。

2

1　2　🎧45

F：あ、お客様、出口はこちらでございます。
M：1　じゃ、それにします。
　　2　ありがとうございます。
　　3　出口でしょうか。

2　2　🎧46

M：コーヒーはホットとアイスと、どちらにしますか。
F：1　コーヒーでございます。
　　2　ホット、お願いします。
　　3　コーヒーください。

3　1　🎧47

M：重そうですね。お持ちしましょうか。
F：1　いいえ、大丈夫です。
　　2　こちらのほうが重いですよ。
　　3　大変ですね。

4　1　🎧48

F：こちらのかばんはいかがですか。
M：1　あ、軽くて持ちやすいですね。
　　2　あ、持てませんね。
　　3　あ、持ってくれましたよ。

9 ゆうしょうインタビュー

▶問題 p.147

もんだい1

1　**4**　（2→1→**4**→3）
2　**1**　（4→3→**1**→2）
3　**3**　（1→2→**3**→4）
4　**4**　（2→1→**4**→3）
5　**4**　（3→1→**4**→2）
6　**3**　（2→1→**3**→4）
7　**2**　（3→1→**2**→4）

もんだい 2

- ☐1 **3**
- ☐2 **2**
- ☐3 **4**
- ☐4 **1**

もんだい 3

☐ **3**

もんだい 4

☐1 **3** 🎧51

F：何を召し上がりますか。
M：1　はい、召し上がります。
　　2　すみません。いただきます。
　　3　じゃ、コーヒーを…。

☐2 **1** 🎧52

M：あれ、空が暗くなってきましたね。
F：1　ええ、雨が降りそうですね。
　　2　ええ、雨が降ったそうですね。
　　3　ええ、雨が降ったんですね。

10 アルバイトのめんせつ

▶問題 p.160

もんだい 1

- ☐1 **3** （2→4→**3**→1）
- ☐2 **3** （4→2→**3**→1）
- ☐3 **1** （4→3→**1**→2）
- ☐4 **3** （1→4→**3**→2）
- ☐5 **4** （3→2→**4**→1）

もんだい 2

- ☐1 **3**
- ☐2 **1**
- ☐3 **4**
- ☐4 **2**

もんだい 3

1

☐1 **4** 🎧55

電話で女の人と男の人が話しています。男の人は来週の月曜日、何をしますか。

F：ABC英語学校の山田と申しますが、スミスさんでいらっしゃいますか。
M：はい、そうです。
F：めんせつに来ていただき、ありがとうございました。それで、スミスさんにお願いすることになりました。
M：ありがとうございます。がんばりますので、よろしくお願いいたします。
F：では、教えていただく前に2週間くらい教え方の練習をしていただきますので、月曜日、6時に学校に来ていただけませんか。
M：月曜日の6時ですね。わかりました。

男の人は来週の月曜日、ABC英語学校で何をしますか。

☐2 **2** 🎧56

キャンプ場の係の人が話しています。このキャンプ場で、してはいけないことは何ですか。

M：えー、みなさまよくいらっしゃいました。これからこのキャンプで気をつけてほしいことをお話しいたします。ここには、ほかのお客さんもいらっしゃいますので、夜、さわがないようにしてください。危ないですから、花火は広場以外のところではしないでください。それから、ごみですが、ごみはちゃんと分けて捨ててください。明日の朝、そうじはみんなでしてほしいので、よろしくお願いします。

このキャンプ場で、してはいけないことは何ですか。

3 **4** 🎧57

旅館で女の人が男の人と話しています。女の人はこのあと何をしますか。

> F：お客さま、ただいまお部屋のじゅんびをしておりますので、こちらでお待ちください。
> M：はい。
> F：何かお飲みになりますか。
> M：じゃあ、コーヒーをお願いします。
> F：雑誌か新聞をお読みになりますか。
> M：あっ、スポーツ新聞、ありますか。
> F：はい、すぐお持ちします。

女の人はこのあと何をしますか。

2

2 🎧58

> M：では、また来週うかがいます。
> F：1　はい、お待たせしました。
> 　　2　はい、お待ちしています。
> 　　3　はい、お待ちください。

模擬試験
答え・スクリプト

言語知識（文字・語彙）

もんだい1 ▶問題p.172

1	**2**
2	**2**
3	**3**
4	**4**
5	**2**
6	**3**
7	**3**
8	**3**
9	**2**

もんだい2 ▶問題p.173

10	**4**
11	**2**
12	**1**
13	**2**
14	**3**
15	**1**

もんだい3 ▶問題p.174

16	**2**
17	**1**
18	**3**
19	**2**
20	**3**
21	**4**
22	**1**
23	**2**
24	**2**

もんだい4 ▶問題p.175

| 25 | **4** |

26	3
27	1
28	3
29	4

もんだい5 ▶問題p.176

30	4
31	2
32	1
33	3
34	1

言語知識（文法）・読解

もんだい1 ▶問題p.178

1	1
2	4
3	4
4	3
5	1
6	4
7	4
8	2
9	1
10	2
11	2
12	1
13	2
14	2
15	2

もんだい2 ▶問題p.180

16	4	（1→3→**4**→2）
17	3	（4→2→**3**→1）
18	1	（2→4→**1**→3）
19	2	（4→3→**2**→1）
20	3	（2→4→**3**→1）

もんだい3 ▶問題p.181

21	1
22	2
23	4
24	3
25	4

もんだい4 ▶問題p.182

26	2
27	3
28	2
29	4

もんだい5 ▶問題p.186

30	1
31	3
32	4
33	3

もんだい6 ▶問題p.188

| 34 | 4 |
| 35 | 3 |

聴解

もんだい1 ▶問題p.192

| 1 | 4 | 🎧60 |

男の人と女の人がさよならパーティーの話をしています。男の人はパーティーのとき何をしますか。

M：もうすぐさよならパーティーだけど、学校のとなりのレストラン、よやくした？
F：ううん。今年は教室でしましょうよ。料理はスーパーで買って…。
M：え？　スーパーの料理？　あまりおいしくないよ。
F：そうね。じゃ、自分たちで作りましょう。
M：ぼく、料理、できないよ。
F：じゃ、タンさんは、飲み物、お願いね。

19

M：うん、わかった。
男の人はパーティーのとき何をしますか。

2 3 🎧61
男の人と女の人が銀行で話しています。男の人はこのあとすぐ、何をしなければなりませんか。

M：すみません。銀行のカードを作りたいんですが。
F：はい。では、この番号の紙を持ってお待ちください。
M：はい。16番ですね。
F：ええ。ご自分の番号が呼ばれましたら、受付までどうぞ。あ、その前に、まず、こちらにお名前をお願いします。
M：はい。わかりました。

男の人はこのあとすぐ、何をしなければなりませんか。

3 1 🎧62
女の人が店の人と話しています。女の人はどのくつを買いますか。

M：いらっしゃいませ。
F：山登りのくつがほしいんですが…。
M：こちらはいかがですか。
F：わあ、この鳥の絵、かわいい。
M：ええ、今、人気があるんですよ。どうぞ。
F：サイズはちょうどいいんだけど、この鳥ので、黒いの、ありませんか。
M：すみません。星がついているのなら、黒いのもあるんですが…。
F：そうですか。じゃあ、これでいいです。

女の人はどのくつを買いますか。

4 1 🎧63
男の人と女の人が話しています。女の人はどうしますか。

M：これはどう？ 夕方5時から8時まで、小学生に英語を教えるアルバイト。
F：どれどれ？ 夕方5時からだったら、学校が終わってからすぐ行けば間に合うね。それに小学生の英語ならそんなに難しくないし。
M：「アルバイトをしたい人は、この電話番号にれんらくしてください。かんたんな英語の試験があります」って書いてあるよ。
F：じゃ、電話してみよう。場所は？
M：駅前のさくらビルの5階…知ってる？
F：ううん。まずは見てこようかな。よさそうだったら電話しよう。

女の人はどうしますか。

5 1 🎧64
男の人と女の人が話しています。男の人が気をつけなければならないことは何ですか。

M：水は1日に何回やればいいですか。
F：今は毎日やらなくてもいいんですよ。1週間に1回でいいんです。この木は、やりすぎるといけないんです。でも、暑くなってきたら3日に1回ぐらいやってください。
M：毎日じゃなくて、いいんですね。わかりました。

男の人が気をつけなければならないことは何ですか。

6 3 🎧65
女の人と男の人が映画館の前で話しています。2人はどの席のチケットを買いますか。

F：ねえ、どこにする？ もうあんまり空いてないね。
M：一番前じゃ、目が疲れるよね。
F：じゃあ、ここは？
M：ぼく、背が高いから、真ん中だと後ろの人が見えないと思うんだよね。
F：じゃあ、ここ？ 私はもうちょっと前がいいな。ここは？

M：いいよ。後ろに人がいても真ん中じゃなければ大丈夫。
F：じゃ、ここにしよう。

2人はどの席のチケットを買いますか。

7 3 🎧66

女の人と男の人が話しています。男の人は今日、何をしますか。

F：佐々木さん、大阪支店の機械のトラブルです。すぐに大阪へ行ってください。
M：え？ 明日の会議はどうしますか。
F：あ、そうですね。じゃ、明日、会議が終わってから、お願いします。飛行機のチケットは今日よやくしておいてください。
M：わかりました。すみません、明日の会議のデータ、チェックしていただけますか。
F：あ、これですね。わかりました。

男の人は今日、何をしますか。

8 1 🎧67

ホテルの受付で男の人が女の人と話しています。女の人はこのあとどうしますか。

M：すみません。山田です。この荷物、お願いします。
F：山田さまですね。では、こちらにお名前とご住所などをお願いします。
M：すみません、すぐ出かけますから、チェックインはあとで…。この荷物だけ、お願いします。
F：はい。わかりました。いってらっしゃいませ。

女の人はこのあとどうしますか。

もんだい2 ▶問題p.195

1 4 🎧68

先生が学生に見学の説明をしています。先生がいちばん言いたいことは何ですか。

F：明日はグループで見学に行きます。この間グループで決めたところへ行って、お話を聞いたり、写真を撮ったり、教室でできないことができますね。先生はいっしょに行きませんから、みなさん、絶対に一人になってはいけません。いつもかならずグループの友だちといっしょに見学してください。これは忘れないで守ってくださいね。

先生がいちばん言いたいことは何ですか。

2 3 🎧69

女の人と男の人が話しています。女の人はどうしてダンスを習っていますか。

F：ダンス習ってるんだ。
M：え、ダンス？ おどるの好きなんだ。
F：そうでもないんだけどね。
M：じゃ、ダイエット？
F：ちがうわよ。今度、学校の授業で、教えなければならないのよ。
M：え？ 教えるの？ 中学校の先生も大変だね、いろいろ。
F：ほんと。ストレス多いわー。

女の人はどうしてダンスを習っていますか。

3 3 🎧70

男の人と女の人が話しています。女の人は、どうしてこの店で野菜を買いませんか。

M：あれ、野菜は買わないの？
F：うん。
M：どうして？ 高いから？
F：いや、そんなに高くはないと思うよ。新鮮そうだし。
M：この店、サービスも悪くないよね。店員さんも親切だし…。
F：うん。そうなんだけど、父がたくさん送ってくるのよ。しゅみで作ってるから。
M：へえ、いいね。

女の人は、どうしてこの店で野菜を買いません

か。

4 2 🎧71
アニメショーの会場で案内を聞いています。今すぐよやくすれば、何時からのショーが見られますか。

F：みなさま、おはようございます。本日は朝早くから来ていただき、ありがとうございます。ただいまから、アニメショーのご案内をいたします。本日のアニメショーは、10時・11時・13時・14時からの4回、行われます。10時と13時の回はよやくの方でもういっぱいになっておりますが、11時と14時の回はまだ少し、空きがございます。会場でもよやくができますので、ごらんになる方はよやくをお願いいたします。
M1：じゃ、すぐよやくしよう。
M2：うん、そうだね。

今すぐよやくすれば、何時からのショーが見られますか。

5 3 🎧72
男の人と女の人が話しています。女の人は今年どうして国へ帰らないのですか。

M：リンさん今年はいつ国へ帰るの？
F：今年は帰りません。
M：そう。仕事が忙しいから？
F：いいえ、今年は国から友だちが来るので、いっしょに旅行しようと思っているんです。
M：そう。ご両親はリンさんに会いたいでしょうね。
F：それは…また来年。

女の人は今年どうして国へ帰らないのですか。

6 4 🎧73
女の人と男の人が話しています。男の人は、どんなときお弁当を作りますか。

F：そのお弁当、自分で作ったんですか。おいしそう。
M：そう？
F：毎日？
M：いや、毎日はできないけど、外で食べるのは高いからね。
F：朝作るの？
M：うん。でもだいたい前の日の晩ご飯で残ったものを入れるだけだから、そんなに時間はかからないよ。
F：ふーん。晩ご飯も自分で作るんだ。
M：だから、前の日に外で食べたら、お弁当も作らないんだ。
F：そうなんだ。

男の人は、どんなときお弁当を作りますか。

7 3 🎧74
女の人と男の人が話しています。男の人はどうしてたまごを食べませんか。

F：えんりょしないで食べてね。あれ？　たまごきらい？
M：好きだよ…。
F：おなかいっぱい？
M：いや、そうじゃないけど。先週から体の調子が悪くて病院に行ったんだ。
F：それで？
M：病院で「たまごはあまり食べないで」って言われて、だから…。
F：そうなの。知らなかったから…。
M：大丈夫だよ。こっちの野菜料理、いっぱい食べるよ。

男の人はどうしてたまごを食べませんか。

もんだい3 ▶問題 p.197

1 3 🎧75
お客さんが帰ります。何と言いますか。

F：1　お帰りなさい。
　　2　いってらっしゃい。
　　3　また、来てくださいね。

もんだい3

2 2 🎧76

同じ会社の人が忙しそうです。何と言いますか。

M：1　忙しくてすみません。
　　2　何か手伝いましょうか。
　　3　とても急ぎましたよ。

3 3 🎧77

友だちのお見舞いに行きました。友だちに何と言いますか。

F：1　これ、大事ですね。
　　2　病気かもしれないね。
　　3　早くよくなるといいね。

4 2 🎧78

電話でレストランのよやくをしたいです。何と言いますか。

M：1　よやくしたらいいですよ。
　　2　よやくしたいんですが…。
　　3　よやくしていただけますか。

5 3 🎧79

友だちが持っている写真を見たいです。何と言いますか。

M：1　その写真、見せてあげる？
　　2　その写真、見せてもらう？
　　3　その写真、見せてくれる？

もんだい4　▶問題p.199

1 3 🎧80

F：おかし、召し上がりませんか。
M：1　はい、召し上がります。
　　2　はい、食べたんです。
　　3　はい、いただきます。

2 3 🎧81

M：駅に着いたら電話してくださいね。
F：1　はい、しなくてもいいですよ。
　　2　はい、電話して。
　　3　はい、わかりました。

3 1 🎧82

F：ごめん、ちょっとそれ取ってくれる？
M：1　これ？
　　2　ありがとう。
　　3　うん、取ってくれる。

4 1 🎧83

M：かさ、持っていったほうがいいよ。
F：1　うん、そうするよ。
　　2　うん、かさのほうがいいね。
　　3　うん、持っていってよ。

5 1 🎧84

F：すみません。ちょっとよろしいでしょうか。
M：1　はい、何ですか。
　　2　はい、いつですか。
　　3　はい、いいですね。

6 2 🎧85

M：はい、どうぞお入りください。
F：1　お入りします。
　　2　失礼します。
　　3　失礼しました。

7 3 🎧86

M：元気になってよかったですね。
F：1　それはよかったですね。
　　2　お大事に。
　　3　おかげさまで。

8 2 🎧87

M：佐藤さん、新しい生活はどう？
F：1　はい、生活です。
　　2　ええ、とても楽しいです。
　　3　いいえ、新しくないです。

N4 げんごちしき(もじ・ごい)

にほんごのうりょくしけん かいとうようし

じゅけんばんごう / Examinee Registration Number

なまえ / Name

〈ちゅうい Notes〉
1. くろい えんぴつ (HB、No.2) で かいて ください。
   (ペンや ボールペンでは かかないで ください。)
   Use a black, medium soft (HB or No 2) pencil.
   (Do not use any kind of pen.)
2. かきなおす ときは、けしゴムで きれいに けして ください。
   Erase any unintended marks completely.
3. きたなく したり、おったり しないで ください。
   Do not soil or bend this sheet.
4. マークれい Marking examples

よい れい Correct Example	わるい れい Incorrect Example
●	⊗ ○ ◐ ● ○

もんだい 1

1	①	②	③	④
2	①	②	③	④
3	①	②	③	④
4	①	②	③	④
5	①	②	③	④
6	①	②	③	④
7	①	②	③	④
8	①	②	③	④
9	①	②	③	④

もんだい 2

10	①	②	③	④
11	①	②	③	④
12	①	②	③	④
13	①	②	③	④
14	①	②	③	④
15	①	②	③	④

もんだい 3

16	①	②	③	④
17	①	②	③	④
18	①	②	③	④
19	①	②	③	④
20	①	②	③	④
21	①	②	③	④
22	①	②	③	④
23	①	②	③	④
24	①	②	③	④

もんだい 4

25	①	②	③	④
26	①	②	③	④
27	①	②	③	④
28	①	②	③	④
29	①	②	③	④

もんだい 5

30	①	②	③	④
31	①	②	③	④
32	①	②	③	④
33	①	②	③	④
34	①	②	③	④

N4 げんごちしき（ぶんぽう）・どっかい
にほんごのうりょくしけん かいとうようし

じゅけんばんごう Examinee Registration Number

なまえ Name

〈ちゅうい Notes〉
1. くろい えんぴつ (HB、No.2) で かいて ください。
   (ペンや ボールペンでは かかないで ください。)
   Use a black, medium soft (HB or No 2) pencil.
   (Do not use any kind of pen.)
2. かきなおす ときは、けしゴムで きれいに けして ください。
   Erase any unintended marks completely.
3. きたなく したり、おったり しないで ください。
   Do not soil or bend this sheet.
4. マークれい Marking examples

よいれい Correct Example	わるいれい Incorrect Example
●	⊗ ⊘ ◯ ◉ ◐ ①

もんだい1

1	①	②	③	④
2	①	②	③	④
3	①	②	③	④
4	①	②	③	④
5	①	②	③	④
6	①	②	③	④
7	①	②	③	④
8	①	②	③	④
9	①	②	③	④
10	①	②	③	④
11	①	②	③	④
12	①	②	③	④
13	①	②	③	④
14	①	②	③	④
15	①	②	③	④

もんだい2

16	①	②	③	④
17	①	②	③	④
18	①	②	③	④
19	①	②	③	④
20	①	②	③	④

もんだい3

21	①	②	③	④
22	①	②	③	④
23	①	②	③	④
24	①	②	③	④
25	①	②	③	④

もんだい4

26	①	②	③	④
27	①	②	③	④
28	①	②	③	④
29	①	②	③	④

もんだい5

30	①	②	③	④
31	①	②	③	④
32	①	②	③	④
33	①	②	③	④

もんだい6

34	①	②	③	④
35	①	②	③	④

にほんごのうりょくしけん かいとうようし

N4 ちょうかい

Examinee Registration Number / じゅけんばんごう

Name / なまえ

ちゅうい Notes
1. くろい えんぴつ (HB、No.2) で かいて ください。
   (ペンや ボールペンでは かかないで ください。)
   Use a black, medium soft (HB or No 2) pencil.
   (Do not use any kind of pen.)
2. かきなおす ときは、けしゴムで きれいに けして ください。
   Erase any unintended marks completely.
3. きたなく したり、おったり しないで ください。
   Do not soil or bend this sheet.
4. マークれい Marking examples

よい れい Correct Example	わるい れい Incorrect Example
●	⊗ ◯ ◉ ◐ ◑

もんだい1

1	①	②	③	④
2	①	②	③	④
3	①	②	③	④
4	①	②	③	④
5	①	②	③	④
6	①	②	③	④
7	①	②	③	④
8	①	②	③	④

もんだい2

1	①	②	③	④
2	①	②	③	④
3	①	②	③	④
4	①	②	③	④
5	①	②	③	④
6	①	②	③	④
7	①	②	③	④

もんだい3

1	①	②	③
2	①	②	③
3	①	②	③
4	①	②	③
5	①	②	③

もんだい4

1	①	②	③
2	①	②	③
3	①	②	③
4	①	②	③
5	①	②	③
6	①	②	③
7	①	②	③
8	①	②	③

96330-B-240805